안 부르고
혼자 고침

☛ 소소한 집수리 안내서

완주숙녀회 · 이보현 지음
안흥준 그림

안 부르고
혼자 고침

집 안 어딘가
막히거나,
고장 났거나,
새걸로 바꾸고 싶을 때

누구에게 도와달라고 할지
난감하죠?

집 안 곳곳의 문제를
내 손으로 해결해보세요!

초보 생활기술인을 위한 선서

나는
내 집을 스스로 돌보겠다고
이제 막 결심한 생활기술인으로서,
다음 사항을 지키고자 노력하겠습니다.

첫째, 집에 문제가 생겼을 때 '내 일'로 여기겠습니다.
당연히 난 못하는 일,
누가 해결해줘야 할 일로 생각하지 않겠습니다.

둘째, 입으로만 걱정하지 않고, 손을 움직여보겠습니다.
'딱 한 번만' 해보면 생각보다 어렵지 않다는 말을
순순히 믿겠습니다.

셋째, 마음처럼 작업이 쉽게 풀리지 않아도 짜증내지 않고
초심자로서의 처지를 인정하겠습니다. 못해먹겠다 집어던지지 않고
차근차근, 천천히, 충분히 시도해보겠습니다.

넷째, 혼자 해결할 일과 전문가의 도움이 필요한 일을
지혜롭게 구분하겠습니다.

"할 수 있다!!!"

이 책의 짜임과 쓸모

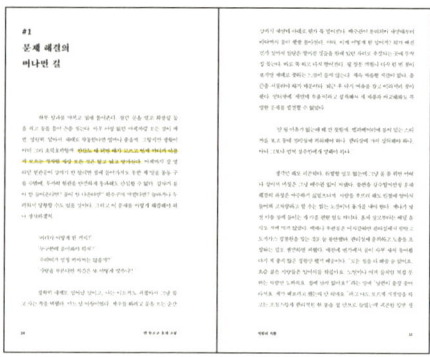

Part 1
본격 작업을 시작하기 전에,
앞으로 우리가 어떤 일들을 할 것인지 알아보고,
혼자 해결하면 누릴 수 있는 '직접의 기쁨'에 대해 이야기합니다.

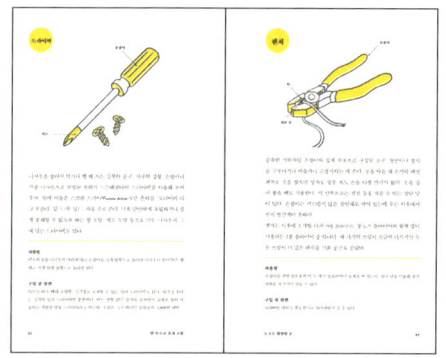

Part 2
작업을 하려면 도구가 필요하죠.
어떤 게 필요하고, 뭘 사야 할지 알려줍니다.
기본 3종, 추가 3종, 심화 3종 도구를 단계별로 추천하니까
내 수준에 맞는 도구만 쏙쏙 선택해서 살 수 있습니다.

Part 3 ~ 5
본격적으로 문제별 해결책을 알아봅니다.

한눈에 보기
'도대체 뭐가 문제인가요?'
발생한 문제의 원인과 해결법을 한눈에 요약하여 보여줍니다.
이 페이지만 읽어도 어떻게 해야 할지 감을 잡을 수 있습니다.

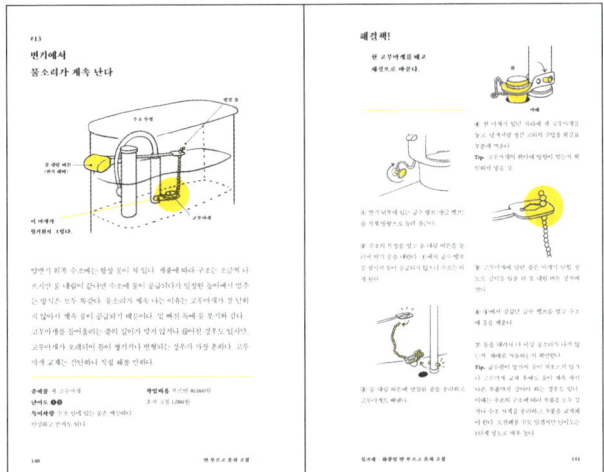

해결책
'그래서 어떻게 하면 되나요?'
문제를 해결하는 방법을 단계별로 설명합니다.
이 책은 초보자도 해결할 수 있는 비교적 간단한 수리만 다룹니다.
용기를 갖고 차근차근 따라오세요.

이 책의 짜임과 쓸모

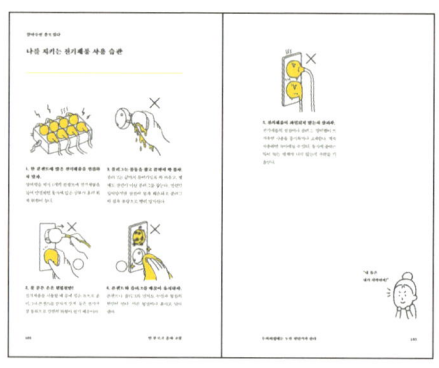

알아두면 쓸모 있다
'이건 잘 모르겠어요!'
좀 더 자세한 설명이 필요한 기술,
난이도는 살짝 있지만 해볼 만한 기술,
알아두면 유용한 추가 정보 등을 담았습니다.

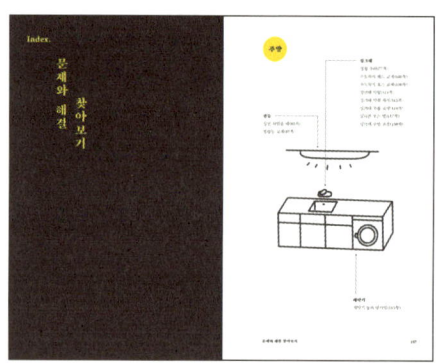

INDEX: 문제와 해결 찾아보기
거실, 주방, 화장실 등
공간별로 생길 수 있는 문제들을 찾아볼 수 있는 그림 지도.
문제가 생겼을 때 해결책을 더 쉽게 찾을 수 있어요.

일러두기

☛ 본문에 제시한 설비 견적은 인건비와 재료비를 합한 금액으로,
서울 소재 설비 업체들에 문의하여 평균을 낸 것입니다.
절대적 기준은 아니므로 참고만 해주세요.
기술에는 가격이 정해져 있지 않기에,
어떤 동네, 어떤 업자인지에 따라 견적이 많이 다를 수 있습니다.

☛ 혼자 고칠 때의 작업 비용은 재료비이며,
인터넷 가격 검색 최저가를 기준으로 했습니다.

☛ 생활 공구를 이용한 수작업에 익숙치 않은 초보자들도 해볼 만한
쉬운 해결법을 공유하는 책입니다. 집 안에서 일어나는 다양한 문제 중에서
자주 발생하고 해결이 간단한 것 위주로 골랐습니다.
좀 아는 누군가에게는 '에계~' 하는 마음이 들 수도 있습니다.
하지만 한 번도 해보지 않은 사람이 최초로 해보는 게 중요합니다.
다만 이 책에서 소개하는 방식이 유일한 정답은 아닙니다.

☛ 자신감을 갖되 자만하지는 마세요.
특히 안전에 대해서는 두 번 세 번 점검해도 부족하지 않습니다.

목차

이 책의 짜임과 쓸모   10
일러두기   13

Part. 1
직접의 기쁨

문제 해결의 머나먼 길   20
할 수 있는 일, 할 수 없는 일, 해볼 만한 일   23
'직접 지수'가 높은 자립인간   26
누구 좋으라고? 나 좋으라고   29
새싹 생활기술인   31

Part. 2
도구는 확장된 손

무엇이 필요할까, 어디서 사야 할까   36
집에 꼭 둬야 할 기본 3종   39
뭐라도 하려면 필요한 추가 3종   45
완전한 자립을 위한 심화 공구   50

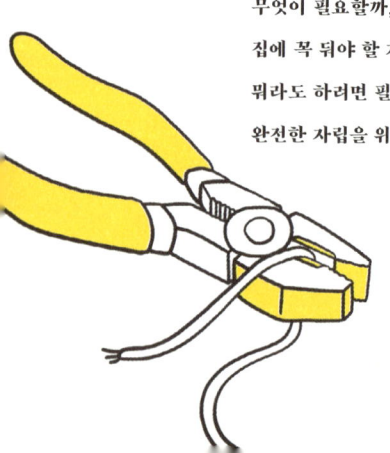

Part. 3
자립인간의 첫걸음
#못박기 #현관문 #방문

자립인간의 첫걸음, 망치로 못 박기	56
콘크리트 벽에 못 박기	59
못 자국을 감쪽같이 메꾸려면	64
현관문 도어락이 먹통이다	66
아무래도 안전고리를 달아야겠다	68
문고리가 고장났다	70
기다란 문고리, 더 쉽게 바꿀 수 있다	74
싱크대 문짝, 언제 한번 손봐야 할 텐데…	77

알아두면 쓸모있다
이런 못 저런 못	58
석고보드 벽에 못 박기	62

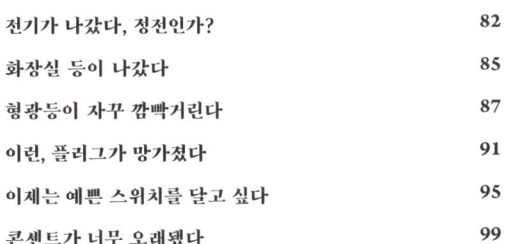

Part. 4
두꺼비집에는 누전 차단기가 산다
#형광등 #콘센트 #전기

전기가 나갔다, 정전인가?	82
화장실 등이 나갔다	85
형광등이 자꾸 깜빡거린다	87
이런, 플러그가 망가졌다	91
이제는 예쁜 스위치를 달고 싶다	95
콘센트가 너무 오래됐다	99

알아두면 쓸모 있다

실생활에서 자주 쓰이는 전기 용어들 84
집에서 쓰는 전구의 종류 90
전선이 세 가닥일 때 새 플러그 조립하는 법 94
스위치 버튼이 3개 이상일 때 98
나를 지키는 전자제품 사용 습관 102

Part. 5
싱크대·화장실 안 부르고 혼자 고침
#싱크대 #세면대 #화장실 #수도

싱크대 수돗물이 방바닥까지 튄다 106
자바라 호스에서 물이 샌다 108
싱크대 물이 안 빠진다 111
싱크대 배수관이 너무 낡았다 114
싱크대 주변 실리콘이 더러워졌다 117
세면대 마개가 눌러서 안 올라온다 120
이런, 세면대 물이 안 빠진다 123
세면대 수압이 너무 낮다 128
샤워기에서 물이 샌다 131
샤워기 호스에서 물이 샌다 133
화장실 배수구 물이 안 빠진다 135
변기가 막혔다 137
변기에서 물소리가 계속 난다 140
화장실 환풍기가 안 돈다 142
수도 계량기가 얼었다 147
수도관 동파 방지는 이렇게 150

알아두면 쓸모 있다

물 샐 틈 없애주는 마법의 테이프	**110**
싱크대 악취를 깨끗이 없애려면	**113**
세면대 다리 분리하기	**126**
샤워기, 싱크대 수압 조절	**130**
뚫어뻥으로도 안 뚫린다면	**139**
구조가 다른 환풍기들	**146**
수도 계량기 보는 법	**149**
세탁기 동파 없이 겨울나기	**153**

Index.
문제와 해결 찾아보기 **156**

Epilogue.
호성전기 막내딸이 집을 돌보는 방법 **162**

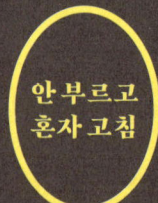

안 부르고
혼자 고침

Part. 1

직접의 기쁨

#1
문제 해결의
머나먼 길

하루 일과를 마치고 집에 돌아온다. 잠긴 문을 열고 화장실 등을 켜고 물을 틀어 손을 씻는다. 아무 이상 없던 어제처럼 모든 것이 매번, 영원히, 알아서, 제대로 작동한다면 얼마나 좋을까. 그렇지만 생활이 어디 그리 호락호락할까. 인간도 때 되면 배가 고프고 언제 어디가 아플지 모르는 것처럼 세상 모든 것은 닳고 낡고 망가진다. 어제까지 잘 열리던 현관문이 갑자기 안 열리면 집에 들어가지도 못한 채 발을 동동 구를 수밖에. 무사히 현관을 안전하게 통과해도 안심할 수 없다. 갑자기 불이 안 들어온다면? 물이 안 나온다면? 하수구가 막힌다면? 놀라거나 두려워서 당황할 수도 있을 것이다. 그리고 이 문제를 어떻게 해결해야 하나 생각하겠지.

'어디가 어떻게 된 거지?'
'누구한테 물어봐야 하지?'
'수리비가 엄청 비싸지는 않을까?'
'사람을 부른다면 시간은 또 어떻게 맞추나?'

정확히 내게도 일어난 일이고, 나는 이도저도 귀찮아서 그냥 참고 사는 쪽을 택했다. 어느 날 아침이었다. 세수를 하려고 물을 트는 순간 갑자기 세면대 아래로 뭔가 툭 떨어진다. 배수관이 분리되어 세면대부터 바닥까지 물이 콸콸 쏟아진다. 어라, 이게 어떻게 된 일이지? 뭐가 빠진 건가 싶어서 일단은 떨어진 것들을 원래 있던 자리로 추정되는 곳에 무작정 꽂는다. 바로 툭 하고 다시 떨어진다. 뭘 잘못 끼웠나 다시 한 번 꽂아보지만 제대로 꽂히는 느낌이 들지 않는다. 계속 씨름할 시간이 없다. 출근을 서둘러야 하기 때문이다. 퇴근 후 다시 여유를 갖고 이리저리 꽂아봤다. 인터넷에 '세면대 부품'이라고 검색해서 새 제품과 비교해봐도 특별한 문제를 발견할 수 없었다.

'안 될 이유가 없는데 왜 안 꽂힐까. 엘리베이터에 붙어 있는 스티커를 보고 동네 설비집에 의뢰해야 하나, 관리실에 가서 상의해야 하나, 아니 그보다 먼저 집주인에게 말해야 하나.'

생각만 해도 피곤하다. 위험할 일도 없는데 그냥 물 좀 튀면 어떠냐 싶어서 며칠은 그냥 배수관 없이 지냈다. 불편을 감수할지언정 문제 해결의 과정은 마주하기 싫었으니까. 사람을 부르려 해도 빈집에 알아서 들어와 고쳐달라고 할 수는 없는 노릇이니 휴가를 내야 한다. 게다가 낯선 이를 집에 들이는 게 마음 편한 일도 아니다. 혼자 살고부터는 배달 음식도 시켜 먹지 않았다. 택배나 우편물은 어지간하면 관리실에서 받았고 도시가스 검침원을 맞는 것도 늘 불안했다. 관리실에 문의하고 도움을 요청하는 일도 웬만하면 피했다. 예전에 변기에서 물이 자꾸 새서 물어봤다가 썩 좋지 않은 경험만 했기 때문이다. "모든 집을 다 봐줄 순 없어요. 요즘 젊은 사람들은 알아서들 하잖아요. 노인이나 여자 들처럼 직접 못하는 사람만 도와줘요. 집에 남자 없어요?"라는 말에 "남편이 출장 중이라서요. 제가 해보려고 했는데 안 되네요."라고 나도 모르게 거짓말을 하고는 조심스럽게 관리직원 한 분을 집 안으로 들였는데 피곤한 일만 생겼다. 내가 인터넷으로 찾아본 내용과 다를 바 없는 이야기를 좀 하다가 "그래도 뭐 도와드릴 거, 궁금한 거 없어요?"라며 괜히 여기저기 들여다보고 그냥 돌아갔다. 그 뒤로는 관리실에 보관된 택배를 찾으러 갈 때마다 알은체를 하는데, 어느 날 어깨에 은근슬쩍 손을 올리려고 하는 바람에 깜짝 놀라 한동안은 관리실에도 혼자 못 갔다.

'너무 예민한 거 아니야?'라고 생각할 수도 있겠다. 아니다. 그리고 예민하면 좀 어때? 나는 누가 그런 식으로 나를, 내 집을 보는 게 싫다. 의도하지 않았다고 해도 내게는 충분히 위협적인 행동이 되었으니 모든 일이 두렵고 걱정스럽다.

"생각만 해도 피곤하다…."

#2
할 수 있는 일,
할 수 없는 일,
해볼 만한 일

그렇지만 세수할 때마다 물이 바닥으로 바로 떨어지니까 바지에 물이 다 튀어서 불편했다. '이거 이대로 살 수는 없겠구나.' 싶어 다시 심호흡 크게 하고 인터넷을 뒤져 배수관 교체 방법을 찾았다. 경제적, 심리적 부담 때문에 혼자서 해결할 수 있다면 그렇게 하고 싶었다. 자세히 살펴보니 새 제품과 우리 집에서 떨어져 나온 배수관의 다른 점을 발견했다. 세면대의 물 빠지는 구멍에 물 마개와 짧은 관이 걸쳐 있으려면 어딘가 걸이 역할을 하는 부분이 있어야 하는데, 그쪽이 삭았는지 아예 분리되어버린 것이다. 이렇게 쓰고는 있지만 우리 같은 초보는 무슨 말인지 머릿속에 딱 그려지진 않는다. 하지만 구조를 이해하고 나니 아주 간단한 문제였다. 세면대는 문제도 자주 생기지만 해결하기도 상대적으로 쉬운 상대다. 믿으시라. 몇 날 며칠 물 튀는 불편을 감수하며 살 필요도 없고, 사람을 부를 일도 아니었다.

최근에는 현관문 아래쪽에 나 있는 우유 투입구를 막았다. 원래 플라스틱 덮개가 있긴 했지만 마음만 먹으면 충분히 깨뜨릴 수 있을 정도로 약했다. 처음 이 집으로 이사 올 때부터 뭔가 찜찜한 느낌이 들었지만 다른 집들도 상황이 같으니 그러려니 하고 넘어갔다. 그러다 며칠 전 현관문 도어락 뚜껑이 열려 있는 걸 발견한 뒤로는 너무나 두렵고 불안하여 그냥 둘 수가 없었다. 누군가 침입을 시도했다고 확신할 수 없지만 기록과 증거를 남기기 위해 경찰에 신고했다. 출두한 경찰관이 범죄에 이용될 수 있다고 설명하면서 우유 투입구를 툭 쳤는데 안에서 잠가둔 플라스틱 덮개가 너무나 쉽게 열리는 걸 보았다. 덮개가 낡아서 툭 쳤는데도 열린 것인지, 침입을 시도했던 이가 건드린 것인지는 모르겠다. 어쨌든 당장 그 구멍을 막아야만 했다. 구멍을 막는 용도의 제품이 있다고 했지만 사는 동네가 읍 단위 시골이라 그런지 동네 철물점에서는 팔지 않았다. '어디서 철판이라도 구해다가 안쪽에서 막아야 하나. 그런 건 어디서 구하나.' 하고 막막해하다가 분연히 떨치고 일어났다.

'방법이 있겠지. 내가 직접 해결한다!'

인터넷에서 제품을 주문했고 관리실에서 전동 드릴을 빌려 직접 설치했다. 그렇게 하나둘씩 내 손으로 직접 해보기 시작했다. '엄두를 내볼 만한 일'이 늘어나고, '해볼 만한 일'은 '할 수 있는 일'이 되었다. 그러면서 나는 조금씩 더 씩씩하고 건강하게 내 생활을 책임지는 사람이 되어가고 있다.

'해보니' 그렇게 어렵지 않더라고 말하고 싶다. 전문 지식과 숱한 경험으로 무장하지 않아도 간단한 생활의 문제들은 직접 해결할 수 있었다. 자기 앞가림을 더욱 또렷하게 하는 사람이 된 기분이다. 사실 그 기분만으로도 충분히 좋다. 할 줄 아는 게 전보다 많아졌고, 아직 해보지 않았지만 할 수 있을 것만 같고, 어떤 문제에 부딪혀도 당황하지 않을 거라는 느낌. 믿는 구석이 생겼다. 그리고 그게 다른 이가 아니라 나 자신이라는 사실이 감격스럽다. 이건 삶에 대한 자신감이고 안정감이다. '나는 일상을 돌볼 능력이 충분하다'는.

물론 내게는 쉬운 이 작업이 다른 누군가에게는 여전히 어려운 일일 수도 있고, 시간을 내어 직접 고칠 여유가 없을 수도 있다. 이미 충분히 일을 하고 있는데 퇴근 후나 주말에도 쉬지 못하고 세면대와 씨름하는 자신을 보는 게 괴로울지도 모르겠다. 그렇지만 안 해봐서 모르는 일일 수도 있으니까, 생각보다 적성에 맞을 수도 있으니까, 이번 기회에 한번 시도해보자는 제안이다. 한편으로는 자기 생활 전반을 스스로 돌보는 최소한의 일은 직접 해결해야 하지 않겠냐는 질문이기도 하다.

#3
'직접 지수'가 높은 자립인간

　　온통 소비로만 이루어진 날들이 있었다. 출근하면서 음료를 사 마시고, 점심엔 식당에서 밥을 사 먹고, 퇴근 후에는 카페에서 친구를 만나거나 영화를 보거나 운동이나 취미생활을 한다. 쉬는 날에는 여행을 간다. 재미있게 놀기 위해, 편히 쉬기 위해, 효율적으로 일하기 위해 시간을, 장소를, 장비를, 관계를 샀다. 한 푼도 쓰지 않는다는 건 아무것도 하지 않는다는 걸 의미했다. 심지어 가만히 있어도 사는 데 돈이 든다. (살아 있다는 것만으로도 돈이 생기면 얼마나 좋을까.) 그리고 나머지 시간은 그 돈을 벌기 위해 일한다. 돈을 버는 일은 대체로 고통스러운 일이어서 스트레스를 풀기 위해 또 돈이 든다. 많이 벌기 위해 많이 쓰고, 많이 써야 하니까 많이 번다. 너무 당연한 연결이라 어디서부터 균열을 낼 수 있을지, 꼭 끊어내야 하는지 알 수 없었다. 하지만 일하는 게 지겨워서 그만두고 나니 돈을 아껴야 했고, 자연스럽게 돈을 써서 하는 행동들을 줄였다. 일하지 않으니 시간이 많아졌고 시간을 들여서 더 싼 선택을 할 수 있을 때는 그렇게 했다. 무엇이든 내 몸을 움직여서 직접 하면 인건비와 가공비를 아낄 수 있었다. 차를 타는 대신 걷고, 사 먹는 대신 손수 해 먹고, 완제품을 사는 대신 직접 만들었다.

　　몇 년 전 백수 시절, 커피와 팥빙수를 파는 작은 가게를 이벤트 형

식으로 잠깐 운영했다. 그때도 가진 건 시간뿐이었기 때문에 원가 절감을 위해서 어지간한 재료들은 다 직접 만들었다. 커피 나무와 사탕수수 나무를 직접 기르는 것까지는 못하더라도 로스팅 된 원두를 사는 대신 생두를 사서 직접 볶았고, 설탕과 우유를 끓여 시럽과 연유를 만들었다. 여러 공정을 거친 제품은 그만큼 가격이 붙는다. 시장에서도 깐 마늘과 양파는 더 비싸다. 어느 정도 규모가 있는 가게에서는 설탕을 졸여 시럽을 만들 시간에 음료를 몇 잔 더 파는 게 이득일 것이다. 규모의 경제가 적용되어 대량생산된 제품이 더 싼 경우도 있는데, 내 가게는 그런 규모를 적용할 수준도 아니었고 그렇게 생산된 제품은 마음에 들지도 않아서 내 멋대로 만들고 싶은 걸 만들었다.

    샌드위치에 넣을 잼과 샐러드도 직접 만들고, 팥빙수에 넣을 우유 얼음도 직접 얼렸다. 아이스 커피는 직접 볶은 커피콩으로 내린 커피에 직접 얼린 커피 얼음을 넣었다. 팥은 시장에서 사다가 직접 삶았는데, 통조림 제품이 저렴하긴 했지만 너무 달아서 내가 만들고 싶은 팥빙수에 어울리지 않았기 때문이다. 그리고 메뉴판엔 '직접 지수'를 표시했다. 직접 담근 레몬차는 손바닥 한 개, 직접 삶은 팥, 만든 연유, 직접 얼린 우유 얼음과 커피 얼음을 넣은 팥빙수는 손바닥 다섯 개인 식이다. 음식을 만들면서, 메뉴판을 만들면서, 손님들에게 설명하면서 재미있었다. 돈 벌 목적으로 작정하고 차린 가게가 아닌 한 달만 반짝 운영하는 가게라 가능했던 놀이이기도 했지만, 내 생활의 많은 부분을 '직접'으로 채우고 싶은 마음이 거기에 들어 있었다.

    입고 먹고 자고 생활하는 삶 속에 '직접 지수'가 높아지면 재미는 물론이고 생활의 주도권을 진짜로 내가 쥐고 있는 듯한 기분이 든다. 크고 작은 생활 문제를 직접 해결해보려는 까닭도 이와 같다. 하고 나면 뿌

듯하니까. 누구한테 말할까, 얼마가 들까, 언제 해야 하나 걱정하지 않고 스스로 주도적으로 처리할 수 있으니 그 과정을 즐기게 된다. 일상생활을 관리하고 책임져야 하는 건 귀찮고 부담스러운 일이지만 그만큼 내 맘대로 해도 된다. 삶의 만족도도 높아진다.

"내 맘대로 해도 된다!"

#4
누구 좋으라고?
나 좋으라고

'자기 살 집 아니라고 가구도 부속품도 제일 싼 것들로 들였구만. 어떻게 마감을 이따위로 해놨을꼬. 내 집도 아닌데 뭘 고쳐, 돈 들이고 싶지 않아. 그나저나 와, 이번 주말에도 일해야 돼. 직접 고칠 시간은커녕 쉴 시간도 없다고. 여윳돈만 있으면 당장 이사 가고 싶다. 좀 좋은 걸로 새로 사고 싶다. 나는 왜 손재주도 없게 태어나가지고, 만지면 다 망가지고, 뭘 하려면 다 돈이야.'

당장 해결해야 할 생활 문제가 생기면 먼저 짜증부터 나고 심란하다. 해결 방법을 찾다 보면 실망과 원망으로 가득해지기 일쑤. 내 수입이 더 많다면, 내가 원래 부자라면, 내가 부지런하다면, 척척 만들고 고치는 기술이 있다면, 주위에 그런 사람이라도 있다면, 집주인이 양심적인 사람이라면, 건축법이 제대로 지켜진다면, 근무 시간과 노동 강도가 적절하다면, 주거권을 보장 받는 사회에서 살고 있다면, 하는 생각들이 든다. 개인적인 차원에서 근본적인 문제를 없앨 수는 없지만 한 사람 몫에서부터 시작할 수는 있다. 심오하게 근원만 고민하고 있을 수는 없다. 우선 개인이 해야만 하는 일과 할 수 있는 일들을 하자. 할 수 있는 건 직접. 그리고 혼자 해결하기 힘든 문제는 싸워야 하더라도 함께하면 된다.

집은 내가 의지하고 쉴 수 있는 보금자리다. 오래된 주택에서 사는 친구가 말하길, 집은 언제 어디가 어떻게 될지 모르니 아기처럼 늘 돌봐주어야 한다고 했다. 어떤 집이든 자잘한 고장은 나게 마련이다. 많이 쓰는 건 쉽게 닳고 망가지지만 수리도 쉬운 편이다. 너무 두려워하지 말고 쉬운 문제부터 직접 해결해볼 엄두를 내자. 마음먹고 실행해보면 의외로 별것 아닌 경우도 많다. 인터넷에도 주변에도 그런 고백들이 넘친다.

직접 고치고 해결하기 시작하면 평소 사용할 때도 작동 원리를 알게 되어 편하다. 고장 내기 쉬운 잘못된 방법 말고 올바른 방법으로 습관이 생기면 집의 수명도 길어진다. 자신감이 생기면 더 어려운 수리와 관리에 도전해서 더 큰 성취감과 경제적 이득을 누릴 수도 있다. (간혹 좌절하고 결과적으로 손해 보는 경우도 생기겠지만, 다 과정이니까요. 그리고 재미있었지요?) 이런 단련이 생활기술력을 키우는 훈련이 된다.

#5
새싹 생활기술인

기술이란, 사물을 잘 다룰 수 있는 방법이나 능력을 말한다. 생활기술은 일상을 구성하는 요리, 청소, 쇼핑, 집수리, 인간관계, 운동 같은 자기관리의 모든 영역을 포괄하겠지만, 이 책에서는 내가 살고 있는 공간을 물리적으로 관리하는 데 한정하려고 한다. '집수리'는 너무 부담스러우니 가볍게 '집 돌봄'이라고 하자. 취미 목공이나 DIY 리폼과도 약간 다르다. 이제 막 스스로 집을 관리하고 돌볼 마음을 먹은 우리 같은 초보 생활기술인들에게는 예쁜 소품을 직접 만드는 것보다 망가진 것을 되게 하는 게 먼저다. 도구를 다루고 집의 생리를 이해하게 되면 취향에 맞춰 주거 공간을 가꾸는 능력은 자연스럽게 따라오리라고 생각한다.

집의 구조를 대대적으로 바꾸는 큰 공사도 집수리의 영역이고 물이 새는 수도꼭지를 새 걸로 바꾸는 일도 집수리다. 수도나 보일러, 전기설비의 경우 외부로 드러난 문제는 간단해 보여도 벽 속이나 너머에 있는 배관이 원인인 경우도 있기 때문에 집수리의 범위가 넓은 것 같다. 그래도 무릇 물건이란 많이 쓰는 데서 고장이 나기 쉬우므로 전체의 구조나 원리를 완전히 이해하지 못하는 비전문가도 손잡이, 스위치, 수도꼭지 등의 부품은 직접 교체할 수 있다.

나 역시 혼자 살기 시작한 지 얼마 되지 않은 새내기 독립생활자다. 내가 겪었던 문제들을 중심으로, 아주 어렵지 않게 초보자도 해결할 수 있는 것들로 본문을 꾸렸다. 사람을 불러야 하는지 아닌지 헷갈릴 만한 상황들에서 혼자서도 해볼 만한 것들만 골랐다. 누군가와 함께 작업할 수 있다면 훨씬 수월하다. 대부분의 작업은 한쪽에서 잡아주고 봐주면서 함께하면 안전하고 쉽다. 그렇다고 다른 한 사람의 역할이 아주 크진 않다. 없으면 아쉬운 정도. 함께 작업할 때는 잡담을 하면서 산만해지지 않도록 주의하자.

안전을 위해 집중하고 느긋하게 해야 한다. 전기 관련 작업을 할 때는 반드시 분전함에서 차단기를 내려 전원을 끊고, 수도 관련 작업에서는 갑자기 물이 뿜어져 나오는 일이 없도록 주의한다. (세부적인 작업 유의사항과 순서는 본문에서 자세하게 안내했다.) 작업을 할 때는 활동하기 편한 복장을 해야 한다. 넥타이나 스카프, 헐렁한 옷, 긴 머리, 액세서리 등은 작업에 방해될 수 있다. 마지막으로, 작업을 마치면 사용한 공구를 잘 닦아 사용 전 상태로 정리하여 다음에 쓸 때를 대비한다.

너무나 당연하게 내 일이 아니라고 생각해서 불편해하면서도 해결 방법을 몰랐던 사람들에게는 뒤늦게 취향과 재능을 확인할 기회가 되기를 바란다. 그런 거 잘하는 사람과 결혼하면 되지, 돈 많이 벌어서 사람 쓰면 되지, 같은 말을 아무 생각 없이 하지 말았으면 좋겠다. 제대로 배울 기회가 없어서 할 줄 아는지 모르는지는 물론, 하고 싶은지 그렇지 않은지조차 생각해보지 못했을 뿐이다.

==내가 먹는 음식이, 읽는 책이, 만나는 친구가 바로 '나'인 것처럼 내가 사는 집을 어떤 물건들로 채우고 어떤 모습으로 만드는가도 나를 드==

러낸다. 반짝이는 새 물건을 들이면 기분이 좋지만 좋아하는 물건을 직접 조금씩 손보면서 오래오래 같이 살아가는 것도 행복하다. 나는 늘 새 물건을 들일 수도 없고 쓰레기를 많이 만들고 싶지도 않아서 가진 물건을 잘 돌보면서 쓰고 고쳐가며 사는 쪽을 택했다. 집 안 어딘가 문제가 생기거나 잘 쓰던 제품이 고장 났을 때, 기술자를 부르거나 버리고 새 제품을 사는 것 이외에 '직접 고친다'는 선택지를 우리의 인생에 추가해보는 것은 어떨까.

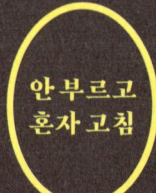

안 부르고
혼자 고침

Part. 2

도구는 확장된 손

#1
무엇이 필요할까,
어디서 사야 할까

 석기 시대의 돌도끼를 떠올리며 도구 사용이 인간의 본능이라는 걸 기억해내지 않더라도, 우리는 일상생활에서 다양한 도구를 사용한다. 손이 닿지 않는 곳에 닿아야 할 때는 의자에 올라가고, 손이 들어가지 않는 좁고 먼 곳에 물건이 들어갔을 때는 막대기를 집어넣어 끄집어낸다. 도구는 사람들이 자기 한계를 넘어 일을 처리할 수 있도록 돕는, 확장된 손과 발이다. 의자는 내 키를 높여주고 막대기는 내 팔 길이를 늘려준다. 도구의 존재 이유와 작동 원리만 이해하면 생김새가 낯설더라도 잘 활용할 수 있을 것이다.

 초보자에게 어떤 도구는 무겁고 위험해 보일 수 있지만 괜히 두려워하지는 말자. 오래전 우리는 그 어렵다는 젓가락질도 배웠고, 조심스럽게 칼질하며 요리도 한다. 흔들거리는 사다리에 올라갈 수 있는 사람은 따로 정해져 있지 않다. 다른 사람이 사다리를 단단히 붙잡아주고 조심스럽게 천천히 올라가면 누구든 높은 곳에 닿을 수 있다. 키가 작은 사람은 한 계단 더 오르면 될 뿐이다. 힘이 세서 병뚜껑을 유난히 잘 여는 사람도 있고, 온 힘을 다해야 열 수 있는 사람도 있다. 모두가 한 번에 뚜껑을 열 만큼 힘이 세지 않기 때문에 도구가 필요하다. 뚜껑을 행주로 감싸서 마찰력을 높이면 쉽게 열린다.

이렇듯 도구를 이용하면 어려운 작업도 누구든 성공할 수 있다. 특히나 이 책에서 소개하는 집 안 수리 작업은 힘 센 사람만 할 수 있는 어려운 일도 아니다. 그렇지만 동시에, 공구를 이용하는 작업은 위험하다. 날카로운 공구를 떨어뜨리거나 우왕좌왕 움직이다가 밟을 수도 있고, 부주의하게 전선을 건드리면 감전의 위험도 있다. 처음 해보는 사람이든, 경험이 많은 사람이든, 여자든 남자든 마찬가지다. 제대로된 사용법을 익히고 언제나 안전 규정을 지킨다면 사고를 예방할 수 있다.

운동을 시작하겠다는 결심이 서면 바로 운동화와 운동복을 구입해야 진짜로 할 마음이 생기는 것처럼 당장 수십 종류의 공구를 마련하고 싶은 심정이 이해는 된다. 하지만 집 안 구석구석을 돌보고 문제들을 직접 해결하고 싶은 마음이 생겼다고 해서 당장 풀 세트로 공구를 마련할 필요는 없다. 직접 해봐야 감이 생기고, 선호하는 브랜드나 스타일이 생기기도 하니 차근차근 천천히 사 모아도 늦지 않다. 더구나 주로 쓰는 공구는 드라이버나 펜치 등 몇 가지로 정해져 있다. 새로운 공구가 필요할 때마다 좋은 제품을 개별적으로 사는 편이 낫다.

너무 저렴한 제품은 몇 번 쓰면 날이 망가져서 좋지 않으니, 좀 비싸더라도 내구성이 좋은 국산이나 일본산 제품을 추천한다. 마트보다는 공구 상가가, 오프라인보다는 온라인이 저렴하다. '문고리닷컴', '손잡이닷컴', '철천지' 같은 온라인몰에서 싸고 편리하게 살 수 있다. 하지만 가격 차이가 그리 크지 않다면 얼굴 맞대고 질문 찬스를 쓸 수 있는 동네 철물점을 이용하는 것도 좋은 방법이다.

막상 사려니 부담이 된다면 몇 번은 빌려서 쓰고, 앞으로도 내가 직접 고칠 만하다 싶을 때 구입하자. 아파트나 관리비를 받는 공동주택의 경우에는 관리실에서 빌려준다. '서울시 공구도서관', '전주시 해피하우스센터'처럼 관공서에서 운영하는 생활 공구 대여소도 있다. 동네 철물점에서 유료로 빌려주기도 하니 문의해보자.

#2
집에 꼭 둬야 할
기본 3종

    생활기술 초보자에게는 어떤 공구가 필요할까. 초보자가 보기에도 공구라고 하기에 애매한 기본 용품 세 가지를 골랐다. 선정 기준은 가장 쉬운 수준의 관리나 수리를 할 수 있을 것. 쓰기에 어려워 보이지 않을 것. 복잡하거나 무서워 보이지 않을 것. 그럼에도 쓸모가 많을 것.

"이런 것도
공구라고
하는 건가?"

줄자

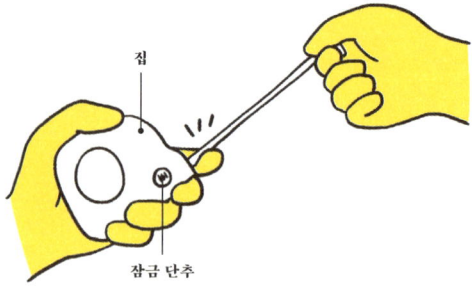

집
잠금 단추

길이나 높이를 잴 때 사용한다. 가구를 사기 전에 공간과 물건의 크기를 가늠할 수 있고, 교체할 부품의 크기를 잴 때도 필요하다. 새로 가구를 들이거나 집 구조를 바꾸고 싶을 때, 집 안 구석구석 여러 살림살이의 정확한 크기를 재보자. 공구를 사용해 직접 무언가 하고 있다는 기분, 생활기술력이 조금은 늘어난 느낌이 들 것이다.

사용법
한 손으로 줄자를 쥐고 다른 손으로 자를 집에서 꺼낸다. 자에서 손을 떼면 자동으로 말려들어가게 되어 있으므로, 집을 쥔 손의 검지손가락으로 모서리에 있는 잠금 단추를 눌러 움직이지 않도록 한다. 자의 끝 부분은 기역(ㄱ)자 모양으로, 재려고 하는 시작 부분에 걸거나 맞추어 사용한다. 기역자 모양의 꺾쇠는 2mm 정도 앞뒤로 움직이는데, 걸고 재거나 밀어서 잴 때 꺽쇠의 두께 때문에 발생하는 오차를 없애기 위함이다. 시작 부분부터 끝까지 자가 평행이 되어야 길이를 정확히 잴 수 있다. 사용 후에는 자가 너무 빨리 말려들어가지 않도록 살짝 붙잡아 속도를 늦춰주는 것도 좋다. 손을 베이지 않도록 장갑을 끼자.

구입 전 잠깐
길이, 너비, 재질, 양면 여부 등에 따라 선택의 폭이 넓다. 길이는 5m, 가격은 10,000원대 제품 정도면 무난하다.

Tip. 손이 닿지 않는 높은 곳을 잴 때는 자를 길게 빼서 디귿(ㄷ)자 모양으로 만든다. 다른 한 손으로 줄자의 끝을 잡고 재고 싶은 부분에 가져다 댄다. 이때 알아보기 쉽도록 시작점을 십(10) 단위로 맞추면 좋다.

드라이버

손잡이

비트

나사못을 돌려서 박거나 뺄 때 쓰는 길쭉한 공구. 가구의 경첩, 손잡이나 각종 나사못으로 연결된 부위가 느슨해졌다면 드라이버를 이용해 조여주자. 원래 이름은 스크류 드라이버screw driver지만 흔히들 '도라이바'라고 부른다. 십(十)자, 일(一)자를 주로 쓴다. 더욱 단단하게 조립하거나 쉽게 분해할 수 없도록 하는 별 모양, 세모 모양 등으로 만든 나사못과 그에 맞는 드라이버도 있다.

사용법
비트의 끝을 나사못의 머리에 대고 손잡이를 시계 방향으로 돌리면 나사못이 들어간다. 뺄 때는 시계 반대 방향으로 돌리면 된다.

구입 전 잠깐
비트만 따로 빼내 모양별, 크기별로 교체할 수 있는 멀티 드라이버도 있다. 하지만 우리는 십자와 일자 드라이버면 충분하다. 비트 양쪽 끝이 십자와 일자여서 교대로 꽂아 사용하는 제품을 양용 드라이버라고 하는데, 우선은 그거 하나만 갖춰놓자. 5,000원 내외.

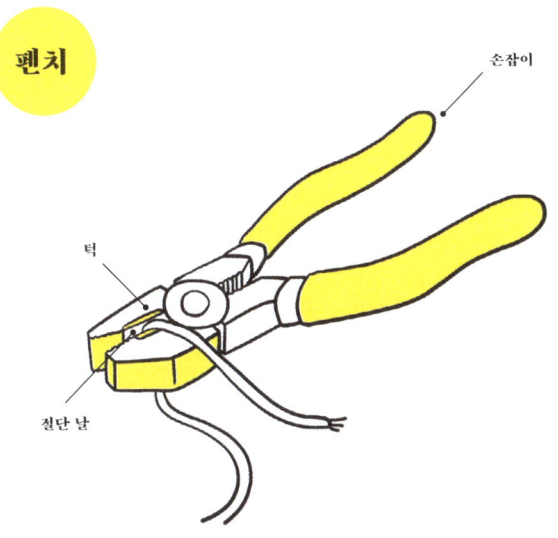

뭉툭한 가위처럼 손잡이와 집게 부분으로 구성된 공구. 전선이나 철사를 구부리거나 비틀거나 고정시키는 데 쓴다. 못을 박을 때 손가락 대신 펜치로 못을 잡으면 망치로 잘못 쳐도 손을 다칠 염려가 없다. 못을 잡아 뽑을 때도 사용한다. 턱 안쪽으로는 전선 등을 자를 수 있는 절단 날이 있다. 손잡이는 미끄럽지 않은 절연재로 싸여 있는데 무슨 이유에서인지 빨간색이 흔하다.

펜치는 이후에 소개할 니퍼(커팅 플라이어), 롱노즈 플라이어와 함께 많이 사용되는 3종 플라이어 중 하나다. 세 가지의 쓰임이 조금씩 다르지만 두루 쓰임이 더 많은 펜치를 기본 공구로 골랐다.

사용법
손잡이를 쥐면 앞부분의 턱 두 개가 맞물리면서 물체를 꽉 집는다. 절단 날을 이용해 전선 피복을 벗기거나 자를 수 있다.

구입 전 잠깐
10,000원 내외로 철물점이나 인터넷에서 살 수 있다.

그 외 공구라기엔 민망하지만 필요한 것 :
장갑, 칼, 가위

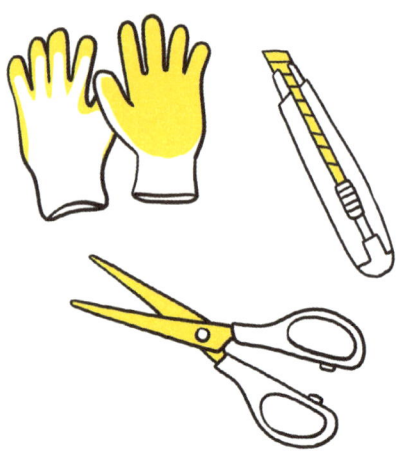

장갑

전구를 갈아 끼우거나 세면대 배수관을 교체하는 등 공구가 전혀 필요 없는 작업도 많다. 그래도 작업할 때는 안전을 위해 항상 장갑을 껴야 한다.

칼과 가위

포장을 벗기거나 아주 단단하지는 않은 것을 자를 때는 칼이나 가위로도 충분하다. 물론 사무용 칼보다 크고 단단한 대형 커터가 있으면 작업은 수월해진다. 칼날 교체형 커터는 그림과 같이 날을 앞뒤로 밀고 당기는 버튼식이 쓰기 좋다. 손아귀에 적당히 들어오고 약간 무게감이 느껴지는 제품을 고르자. 쓸 만한 칼의 가격대는 3,000원 이상이다.

#3
뭐라도 하려면 필요한
추가 3종

　　공구라고 부를 만한 것들을 이용해 뭐라도 해보고 싶을 때 필요한 것들을 추가로 세 가지 골랐다. 집수리에 빠지지 않고 등장하는 공구들이므로 집에 하나씩 두면 쓸모가 많다. 기본 3종인 줄자, 드라이버, 펜치보다는 가격이 비싸고 전문적이므로 처음 몇 번은 빌려서 써보고 해볼 만하다 싶으면 구입하는 것도 좋다.

"가장 필요한 건
전동 드릴이다!"

전동 드릴

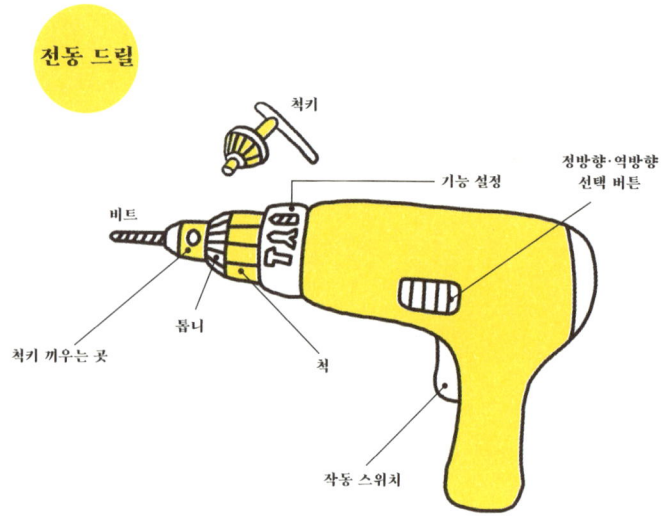

가장 필요한 건 전동 드릴이다. 설비 공사 전문가들도, 세탁기, 냉장고, 보일러, 인터넷 설치 기사들도 필수로 들고 다닌다. 드릴drill은 구멍을 뚫는 공구를 말하지만 전동 드릴이 꼭 구멍을 뚫을 때만 필요한 건 아니다. 앞부분 부속품(비트)을 교체해서 드라이버나 드릴로 쓸 수 있다. 일반 드라이버로 하면 힘들고 오래 걸릴 작업도 전동 공구를 사용하면 드르륵 하고 쉽게 박힌다. 드라이버 기능만 있는 소형 전동 드라이버도 있다. 나무나 플라스틱에 구멍도 뚫고 나사못도 박으면서 간단한 작업에 익숙해져 보자. 자연스럽게 다른 작업에 도전해볼 마음이 생긴다.

사용법

제품에 따라 세부적인 모양은 다르지만 기본은 '척(비트를 무는 부분)에 비트를 끼우고, 회전 방향을 선택한 뒤, 스위치를 눌러 작동'시키는 것이다. 그러면 척과 비트가 빠르게 회전한다. 손이 보이지 않을 정도로 드라이버를 홱홱 돌리는 것과 같은 이치다. 나사못을 박거나 구멍을 뚫을 때는 정방향 회전을, 나사못을 풀어서 빼낼 때와 구멍을 다 뚫고 드릴을 꺼낼 때는 역방향 회전을 선택한다.

구입 전 잠깐

전동 드릴은 무선 충전 드릴과 유선 드릴로 나뉜다. 앞뒤로 두드리는 기능이 추가되어 더욱 강력하게 구멍을 뚫을 수 있는 해머 드릴, 좌우로 힘을 받는 임팩트 드릴도 있는데 초보자가 쓰기에는 기능이 다양한 고가 제품보다는 9.6~14.4V 정도의 무선 충전 드릴이면 충분하다. 전동 드릴이 자신에게 너무 과한 공구처럼 느껴지고 조립식 가구를 설치하는 일 외에 별다른 수리 작업을 하지 않는다면 전동 드라이버만 장만해도 된다.

유선 드릴로 나사못을 박으면 힘이 세서 더 편할 거 같지만, 스위치를 제때 놓지 않으면 다 박혔는데도 비트가 계속 돌아 나사못의 머리나 비트가 뭉개지기 쉽다. 비트를 나사못 머리에 제대로 끼우지 않았거나 힘껏 누르지 않은 경우에도 나사못의 머리가 망가진다. 보쉬BOSCH, 마끼다makita, 계양KEYANG, 스킬SKIL, 블랙앤데커BLACK&DECKER, 아임삭Aimsak, 디월트DEWALT 등의 제품이 널리 쓰인다.

무선 충전 드릴은 배터리의 종류, 용량과 전압 등에 따라 성능과 가격이 다르다. 무거워서 들기 버거우면 무용지물이니, 제품의 무게와 사용자의 체력도 고려해야 한다. 나중에 콘크리트 벽에 못을 박거나 현관문에 이중 안전고리를 설치하는 등 철판을 뚫을 일이 생길 때 유선 드릴을 추가로 마련하자. 공공 대여소에서 빌려 쓰는 것도 방법이다.

몽키스패너

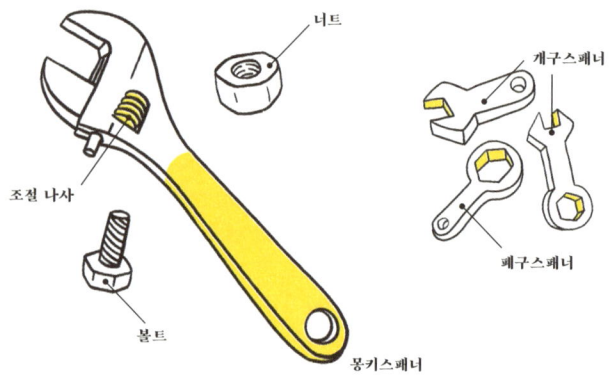

볼트, 너트를 조이거나 푸는 데 사용하는 공구를 스패너라고 한다. 입구가 열린 모양이냐 막힌 고리 모양이냐에 따라 개구스패너, 폐구스패너로 나뉜다. 몽키스패너는 입의 크기를 조절할 수 있는 스패너로 수도꼭지나 배관을 분리, 결합할 때 사용한다. '몽키'는 제조사 이름이지만 우리나라에서는 일반적인 명칭으로 통용된다. 렌치wrench라고도 한다.

사용법
몽키스패너의 입에 볼트 머리나 너트를 물리고 조절 나사로 크기를 맞춘다. 조절 나사를 고정하는 특별한 장치는 없지만, 나사가 쉽게 돌아가지는 않는다. 그다음 손잡이를 쥐고 스패너를 전체적으로 돌린다. 시계 방향으로 돌리면 조여지고 시계 반대 방향으로 돌리면 풀린다. 볼트를 푸는데 너트까지 함께 돌아가버릴 때는 펜치로 너트를 잡아 고정시키고 스패너를 돌리면 된다.

구입 전 잠깐
전문가들은 크기와 종류별로 다양한 스패너를 갖추고 사용하겠지만, 가정에서 간단한 작업을 하기에는 길이 12inch, 입 크기 최대 300mm인 몽키스패너가 적합하다. 15,000원~20,000원 정도.

망치

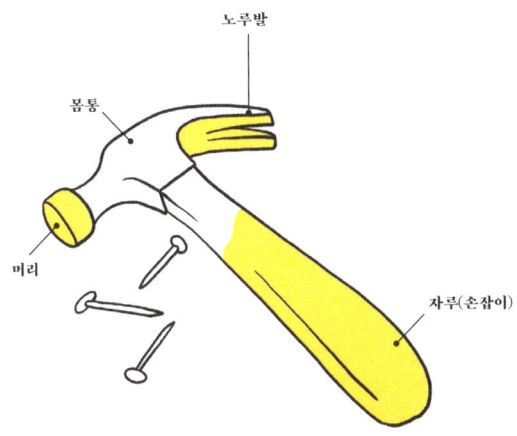

정확하게는 못을 박거나 세게 두드릴 때 사용하는 공구가 '망치'고, 못을 뽑는 노루발과 뭉툭한 부분이 함께 있는 게 '장도리'지만 보통 구분하지 않고 둘 다 '망치'라고 부른다. 쇠로 만든 몸통(머리)에 나무나 쇠로 된 자루가 달려 있다.

사용법
못을 박을 때나 튀어나온 무언가를 힘으로 눌러 넣을 때 사용한다. 자루를 쥐고 손목이나 팔꿈치, 어깨 관절을 축으로 회전하며 쾅쾅 치면 된다. 움직임이 클수록 힘이 세진다. 못을 뽑을 때는 노루발의 갈라진 부분에 못 머리가 들어가게 끼우고 노루발을 지렛대 삼아 당긴다. 더 자세한 못 박기 방법은 56쪽을 참고하자.

구입 전 잠깐
일반적인 용도에는 철물점에서 파는 5,000원 이상의 망치면 충분하다. 다만 손이 미끄러지지 않게 자루에 고무가 끼워져 있는 것을 사자. 망치의 무게와 자루의 길이가 자신의 몸에 맞아야 하는데, 못을 박는다는 생각으로 몇 번 내리치는 동작을 해보면서 적당한 것을 고르도록 하자.

도구는 확장된 손

#4
완전한 자립을 위한 심화 공구

    초보자가 종류별로 공구를 다 갖출 필요는 없지만, 도구는 각각 나름의 쓰임이 있다. 처음에야 공구 하나로 이것저것 해보지만 쓰임새에 맞는 공구를 사용하면 작업이 더 쉽고 빨라진다. 전기 작업에 많이 쓰는 니퍼와 롱노즈 플라이어, 배관 작업에 필요한 첼라를 소개한다.

"도구는 각각
제 나름의
쓰임이 있다."

첼라

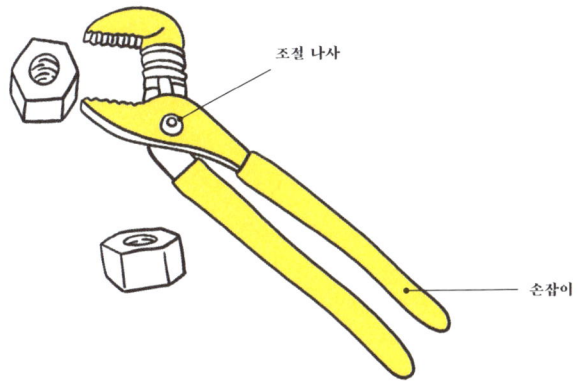

조절 나사

손잡이

워터 펌프 플라이어water pump pliers가 정식 명칭이지만 현장에서는 '첼라'라고 부른다. 물어야 할 볼트나 너트가 너무 크거나 작업 공간이 좁아서 스패너를 쓰기 불편하거나 사용할 수 없을 때 주로 쓰고, 첼라로 파이프나 배관이 돌지 않게 잡은 뒤 스패너로 너트를 죄거나 푸는 작업을 하면 편리하다.

사용법
수도관 배관 작업을 할 때 파이프, 볼트, 너트 등을 잡고 돌린다. 조절 나사가 있는 손잡이를 위아래로 움직여 입 크기를 조절하면 된다.

구입 전 잠깐
가격대는 10,000~20,000원 정도다.

도구는 확장된 손

니퍼

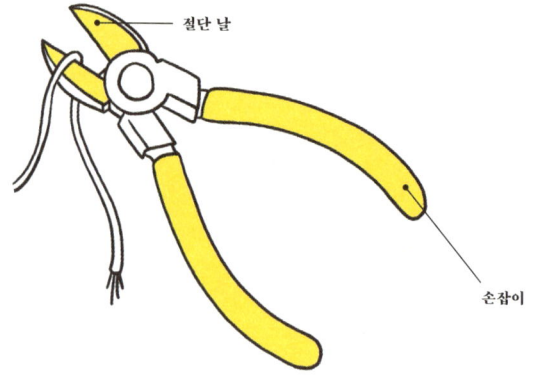

절단 날

손잡이

전선의 피복을 벗기거나 전선을 자를 때 사용하는 공구로, 비슷한 기능을 하는 펜치보다 조금 작다. '자르기'가 이 공구의 주된 임무다. 나무에 박힌 작은 못이나 철심을 뺄 때도 사용한다. 펜치로도 전선이나 철사를 자를 수 있지만 니퍼를 사용하면 더 쉽다. 날의 앞부분이 뾰족해 안쪽 전선을 건드리지 않고 피복만 집기 수월하기 때문이다. 물론 초보자는 힘 조절을 못해 전선 전체를 똑 잘라버리는 경우도 많다. 다른 이름은 커팅 플라이어cutting pliers.

사용법

손잡이를 벌려 집게 부분에 자르고자 하는 전선을 끼우고 손잡이를 꾸욱 오므리면 톡 하고 전선이 잘린다. 가위처럼 손가락을 끼우는 부분이 없어 한 손으로 쥘 수 있을까 걱정되겠지만 어렵지 않게 된다.

구입 전 잠깐

5,000원 이내면 구입할 수 있다. 전선 피복을 벗기기 쉽도록 절단 날 안쪽에 홈이 있는 제품도 있다.

롱노즈 플라이어

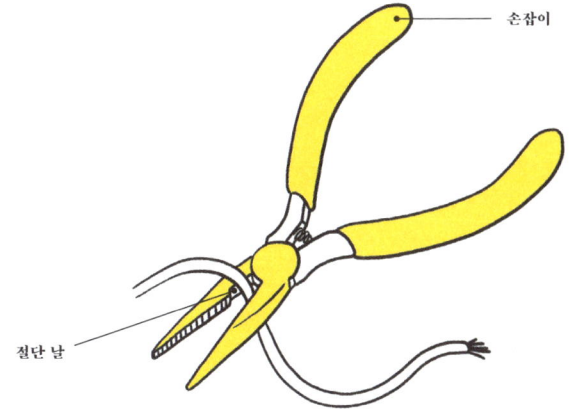

손잡이

절단 날

펜치보다 작고 니퍼와 비슷한 크기. 앞부분이 길고 뾰족해서 롱노즈 플라이어라 부르고, '라디오 펜치'라고도 부른다. 전기, 통신기기, 가전제품 등의 배선과 수리를 할 때 주로 쓴다. 가는 전선, 철사 등을 구부리거나 작은 부품을 집는 용도다. 안쪽 날을 이용하면 전선을 자를 수도 있다. 펜치보다 물림 부분이 가늘고 길어, 깊숙한 틈새에 있는 작은 부품을 자르거나 집는 데 유용하다.

사용법
니퍼와 마찬가지로 한 손으로 손잡이를 쥐어서 오므린다. 전선이나 철사를 자를 때에는 안쪽 절단 날에 끼워 넣어야 한다.

구입 전 잠깐
5,000원 이내면 구입할 수 있다. 만약 집에 이미 롱노즈 플라이어가 있다면 니퍼 대신 피복 벗기는 작업에 쓸 수 있으니 새 니퍼를 살 필요는 없다.

도구는 확장된 손

Part. 3

자립인간의 첫걸음

#못박기 #현관문 #방문

#1

자립인간의 첫걸음, 망치로 못 박기

못을 똑바로 세워야
빗나가지 않는다.

못과 망치가 두려운 당신을 위한 못 박기 왕기초편. 벽에 시계나 액자를 걸 때, 선반을 달 때, 옷걸이를 설치하고 싶을 때, 덜렁거리는 의자 다리를 고정하고 싶을 때가 바로 못 박기에 도전할 때. 약한 벽이냐 단단한 벽이냐에 따라 못의 종류와 박는 법이 달라진다. 여기서는 원리 설명을 위해 나무에 못 박기 방법을 다룬다.

물론 어지간한 일은 전동 드릴을 이용하는 게 편하지만, 드릴이 언제 어디에나 있는 건 아니니 인간이 사용해온 가장 오래된 도구인 망치 사용법은 배워서 나쁠 것이 없겠다.

준비물 망치, 못, 장갑, (펜치)　　　　**작업비용** 1,000원
난이도 ❶
특이사항 무조건 세게 내리친다고
못이 잘 박히는 건 아니다. 힘의 강약을
적절하게 조절하자.

해결책!

**적당한 힘을 가해
망치로 친다.**

---

① 안전을 위해 장갑을 낀다.

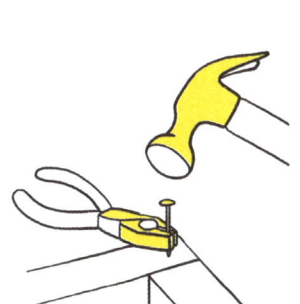

② 망치를 쥐지 않은 손으로 못을 집어 박을 곳에 댄다. 못 머리 아랫부분을 적당히 잡으면 되는데 망치로 손을 칠까 걱정된다면 안전하게 펜치를 이용하자.

③ 망치 자루를 길게 잡을수록 내리치는 힘이 커지지만 의외로 손이 풀려 놓치기도 쉽다. 자루의 가운데와 끝 사이를 잡도록 하자.

④ 망치 자루를 잡고 적당한 힘을 가해 내리친다. 한 방에 박을 듯이 너무 세게 치다가는 못이 박히면서 나무가 갈라질 수도 있고, 못을 쥔 손가락을 치거나 빗맞아 못이 튈 수도 있다. 어깨에 힘을 빼고 스냅을 이용하여 강약강약 또는 강약중강약… 리듬을 조절하면서 친다.

Tip. 얇은 판자는 갈라지기 쉬우니 드릴로 구멍을 뚫어 길을 먼저 내고 못을 박는 게 좋다. 전동 드릴이 있다면 일반 못이 아니라 나사못을 박는 편이 안전하다.

자립인간의 첫걸음

알아두면 쓸모 있다

이런 못 저런 못

망치로 박는 '못'과 드라이버나 드릴로 돌려 박는 '나사못'이 있다. 빙빙 돌아가며 홈이 나 있는 부분을 '나사산'이라 하고, 나사산이 있는 못이 나사못인데, 흔히 '나사'라고도 부른다.

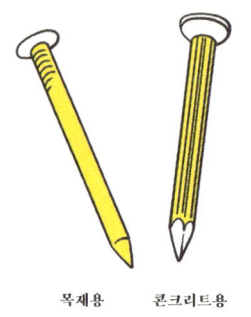

목재용　콘크리트용

못
목재용과 콘크리트용이 있다. 생김새가 달라 쉽게 구별된다. 목재용은 목공 소품이나 나무 벽, 창틀 등에 박는데, 머리 아래에 가로 무늬가 있고 전체적으로 매끈하다. 콘크리트용은 세로로 좁은 간격의 홈이 있고, 콘크리트 벽이나 벽돌에 박을 때 쓴다.

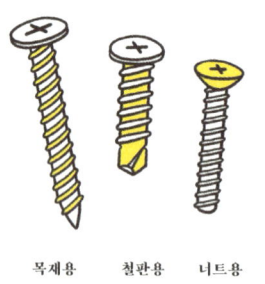

목재용　철판용　너트용

나사못
나사는 머리 모양이 납작한가 볼록한가, 사용할 곳이 나무인가 철판인가에 따라 다양한데 일반 가정에서 초보자가 세세히 구분하여 쓸 일은 별로 없다. 나사를 박아야 할 곳에 굵기가 비슷하게 들어갈 수 있는 나사이기만 하면 적당히 써도 된다.

#2

콘크리트 벽에 못 박기

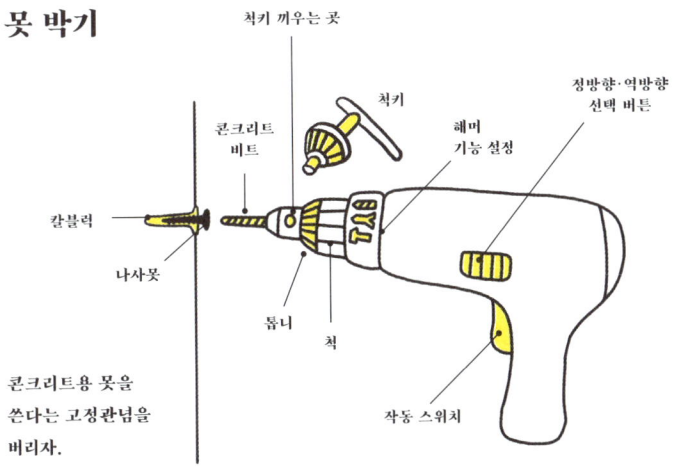

콘크리트용 못을 쓴다는 고정관념을 버리자.

벽돌이나 콘크리트 같은 단단한 벽에도 망치 하나로 못을 쿵쿵 박아 넣는 사람들이 있기는 하겠지만, 전동 드릴이 있다면 그렇게 어려운 길을 가지 않아도 된다. 전동 드릴로 먼저 구멍을 뚫고, 나사를 고정하는 플라스틱 못집인 칼블럭(앙카)을 끼운 다음, 콘크리트 못 대신 나사못을 박으면 된다.

드릴은 원래 구멍을 뚫는 도구다. 돌아가는 힘을 이용해 나사못을 박을 수도 있다. 나무나 석고보드 같은 약한 벽에는 일반 전동 드릴로도 충분하지만 콘크리트 벽에 구멍을 내려면 강력한 힘과 망치처럼 쿵쿵 두드리는 기능이 필요하다. 이때 해머 기능이 있는 드릴을 사용한다.

준비물 칼블럭(플라스틱 앙카), 망치, 해머 드릴, 콘크리트 비트, 나사못, 드라이버
난이도 ❶❷

특이사항 전동 드릴로 나사를 바로 박는 게 아니다. 드릴은 나사가 들어갈 구멍을 뚫는 기능을 한다.
작업비용 1,500원

해결책!

**전동 드릴로 구멍을 뚫고,
칼블럭을 끼운 다음,
나사못을 박는다.**

Step 1.
전동 드릴에 비트 끼우기

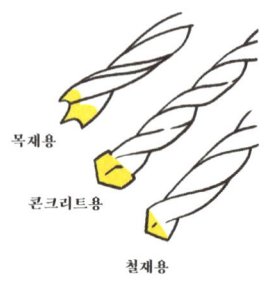

목재용
콘크리트용
철재용

① 콘크리트처럼 두꺼운 벽에 구멍을 뚫을 때는 해머 기능이 있는 전동 드릴이 필요하다. 구멍을 뚫는 날(비트)은 목재용, 콘크리트용, 철재용 세 종류가 있다. 앞부분이 조금씩 다른데 끝에 뾰족한 심이 있는 것이 목재용, 오각형 모양이 콘크리트용, 삼각형 모양이 철재용이다.

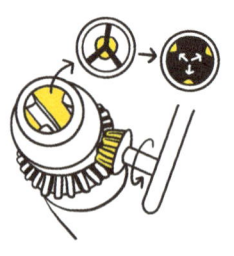

② 비트를 끼우는 곳을 '척'이라고 한다. 이 척의 구멍에 척키(척을 조이고 푸는 도구)를 톱니가 물리도록 끼운다. 척키를 시계 반대 방향으로 돌려 척의 입구를 벌린다. 다른 드릴 비트가 꽂혀 있다면 빼낸다.

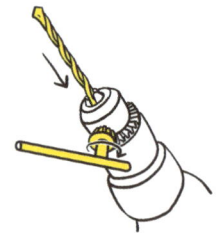

③ 적당한(⑦에서 박아 넣을 칼블럭보다 지름이 작은) 드릴 비트를 끼운다. 척키를 시계 방향으로 돌려서 척 입구에 드릴 비트가 꽉 물리도록 조절한다.

④ 드릴의 기능 설정 부분을 망치 모양 쪽으로 돌린다. 이렇게 해머 기능을 선택하면 망치처럼 두드리는 힘이 작동한다. 반대편의 드라이버 기능을 선택하면 회전력이 작동한다.

Step 3.
구멍에 칼블럭 박기

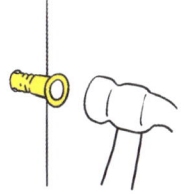

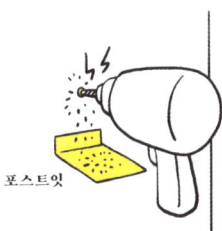

포스트잇

⑤ 벽이 뚫리면서 가루가 떨어지니 미리 아래에 포스트잇을 붙여놓자. 나중에 청소하기 쉽다.

⑦ 구멍에 칼블럭을 끼우고 망치로 박는다. 칼블럭은 앙카라고도 하는데 벽이나 벽돌에 나사못을 고정할 때 쓰는 플라스틱 못집이다. 펜 뚜껑처럼 길쭉한 모양이다. 벽에 구멍을 내고 칼블럭을 박은 뒤 그 안에 나사못을 박으면 단단하게 고정시킬 수 있다.
Tip. 칼블럭이 길어서 벽에 다 들어가지 못하고 튀어나왔다면 칼로 잘라내면 된다.

Step 2.
벽에 구멍 뚫기

Step 4.
나사못 박기

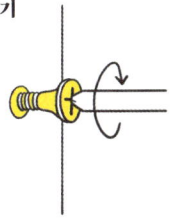

⑥ 드릴을 두 손으로 잡고 벽에 직각으로 댄다. 어깨에서부터 전체적으로 일정한 힘으로 밀며 작동시킨다. 우리는 지금 벽을 뚫는 중이다. 매우 큰 소리가 날 것이다. 겁먹지 말고 차분히 작업하자.
Tip. 구멍의 깊이는 박아 넣을 칼블럭의 길이 정도가 알맞다. 드릴 비트에 미리 칼블럭 길이를 테이프로 표시해보자. 테이프를 붙인 지점까지만 구멍을 뚫으면 된다.

⑧ 칼블럭 안에 나사못을 박는다. 드라이버로 돌리거나 전동 드릴의 드라이버 기능을 이용한다. 물건을 걸어둘 용도라면 나사못을 끝까지 다 박지 말고 밖으로 튀어나오게 조금 남겨둔다.
Tip. 칼블럭이 없다면 적당한 두께로 깎은 나무젓가락이나 전선 가닥을 구멍에 집어넣는 방법도 있다. 나사가 헤집고 들어가면서 꽉 끼게 된다.

자립인간의 첫걸음

알아두면 쓸모 있다

석고보드 벽에 못 박기

석고보드 벽이란, 원래 벽이 없던 자리에 가벽을 세우거나 단열을 위해 석고보드로 마감한 벽을 말한다. 콘크리트 벽에 비해 약하다. 노크하듯 똑똑 두드렸을 때 콘크리트 벽은 돌을 치는 단단한 소리가 나는데, 석고보드 벽은 나무 문처럼 속이 텅 빈 소리가 난다.

압정 정도는 석고보드에 세게 눌러 박을 수 있지만 못을 박으면 전혀 힘을 받지 못해 쑥 빠지고, 나사를 박아도 금세 빠져버린다. 그래도 석고보드용 피스(천공 앙카)나 토우 앙카를 사용하면 액자나 작은 소품 정도는 버틸 수 있다.

석고보드용 피스로 못 박기

 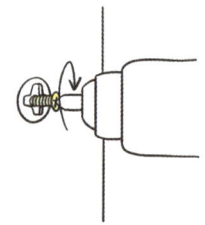

① 드라이버를 이용해서 석고 벽에 석고보드용 피스를 박아 넣는다. 석고보드가 약해서 손힘으로도 충분하다. 전동 드릴을 이용해도 되지만 너무 세게 돌리면 석고가 바스라지니 주의하자.

② 피스 안에 드라이버나 전동 드릴로 나사못을 박는다. 액자를 걸고 싶을 때는 고리가 걸릴 만큼 나사못을 남겨놓고, 선반 등을 부착할 때는 끝까지 박는다. 피스는 그대로 고정된 상태이고 안쪽 나사못이 돌면서 고정되어야 한다. 나사못이 끝까지 다 들어갔는데도 계속 드라이버를 돌리면 피스까지 돌아 헐거워질 수 있다.

**석고보드용 피스보다
강력한 토우 앙카**

칼블럭과 비슷하게 생긴 토우 앙카도 많이 쓰인다. 나사못에 칼블럭이 끼워진 형태인데, 끝이 뾰족해 드릴 대신 망치로도 석고보드에 쉽게 박을 수 있다. 그 뒤에 안쪽 나사를 풀어 꺼내면 벽 속에 박힌 플라스틱이 칼블럭 기능을 한다. 신기한 건 지금부터인데, 나사를 돌려 칼블럭 안으로 박으면 플라스틱이 안쪽에서 꼬이면서 접혀서 단단히 고정된다. 액자를 걸거나 선반을 달 때 석고보드용 피스보다 강력하게 고정된다.

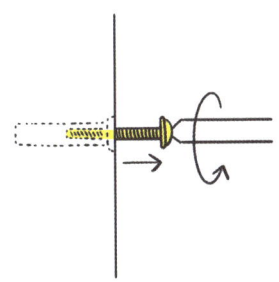

② 드라이버나 전동 드릴로 내부 나사를 시계 반대 방향으로 돌려 꺼낸다.

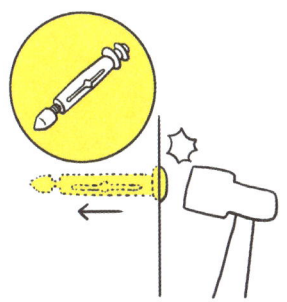

① 석고 벽에 토우 앙카를 못을 박듯 망치로 박는다. 전동 드릴로 구멍을 먼저 내면 쉽게 밀어 넣을 수 있다.

③ 마찬가지로 드라이버나 전동 드릴을 이용한다. 나사를 돌려 박으면 벽 안에 있던 플라스틱 칼블럭이 꼬이면서 나사를 단단하게 고정한다.

#3
못 자국을
감쪽같이 메꾸려면

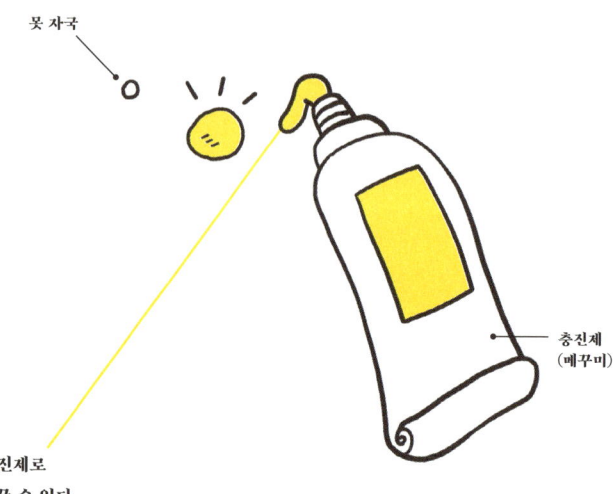

못 자국

충진제
(메꾸미)

보수용 충진제로
깨끗이 메꿀 수 있다.

못 자국을 메꾸는 제품이 시중에 많다. 못 자국이 크고 메꿀 부위가 넓을 경우에는 실리콘이나 핸디코트를 발라야 하지만, 크지 않은 못 자국은 튜브형 충진제만으로도 충분하다.

준비물 못 자국 보수용 충진제(메꾸미) **작업비용** 2,000원
난이도 ❶
특이사항 메꾸미는 마트나 천 원 숍에서
쉽게 구입할 수 있다.

해결책!

**못 자국에 보수용 충진제를
치약처럼 짜 넣어서 메꾼다.**

Step 1.
먼지 청소

① 못 자국을 깨끗하게 정리한다. 구멍 속 먼지는 불어서 털어내고 표면도 매끄럽게 만들자.

Step 2.
충진제 채우기

② 못 자국에 충진제를 짜 넣으면 된다. 평평하게 펴 바르면 끝.
Tip. 못 자국이 너무 클 때는 화장지나 신문지를 먼저 이쑤시개로 꾹꾹 밀어 넣고 제품을 짜 넣는다.

③ 벽지 여유분이 있으면 잘라서 펴 바른 충진제 위에 붙이면 좋다. 처음부터 벽의 색과 비슷한 충진제를 이용하는 것도 방법이다.

"집주인이
난리 치기 전에!"

#4

현관문 도어락이
먹통이다

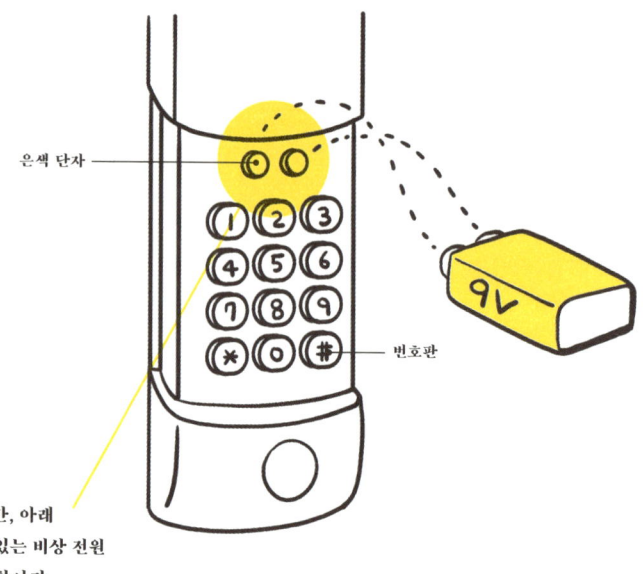

은색 단자

번호판

**앞, 옆, 중간, 아래
어딘가에 있는 비상 전원
공급처를 찾아라.**

전자식 도어락(현관문 번호키)이 갑자기 작동하지 않는다. 번호판에 불도 안 들어오고 소리도 나지 않는다. 고장난 거라면 뜯어내는 수밖에 없지만, 먼저 배터리 방전을 의심해보자. 건전지로 비상 전원을 공급하는 일은 전문가가 아니어도 할 수 있다.

준비물 9V 사각 건전지
난이도 ❶
특이사항 겁내지 말자. 도어락은 손대서
망가질 만큼 예민한 기계가 아니다.

작업비용 부르면 30,000원.
혼자 고침 1,500원

해결책!

**건전지로 비상 전원을
공급한다.**

③ 집에 들어간 뒤에는 안쪽에서 배터리를 교체한다. 이 단계를 깜빡하면 다음에 똑같은 일이 또 일어난다.

---

① 편의점이나 마트 등에서 9V 사각 건전지를 구입한다.

② 도어락 위나 아래, 번호판 근처를 잘 살펴보면 약간 튀어나온 은색 단자 두 개가 있을 것이다. 거기에 건전지 위쪽 뿔처럼 생긴 부분을 대면 된다.
Tip. 건전지를 대고 있느라 뚜껑을 올리거나 내릴 수 없으면 '열림'이 적힌 [*] 버튼을 눌러 작동시킨다. 평소처럼 비밀번호를 누르고 다시 '열림'.

"겁내지 말자."

#5

아무래도
안전고리를 달아야겠다

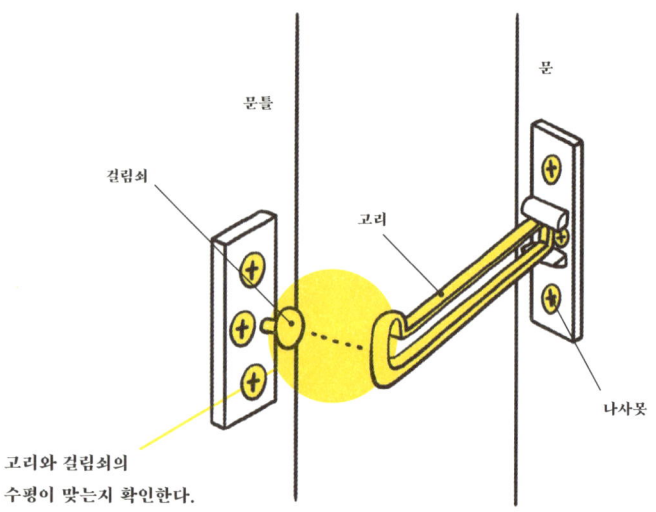

안전고리는 안에서 문을 열어줄 때 15cm 정도만 열리도록 고리가 걸리는 장치로, 외부인이 함부로 침입할 수 없도록 한다. 일자 모양의 단순한 안전고리나 체인형은 문밖에서 얇은 플라스틱 판이나 두꺼운 종이로 쉽게 열 수 있어 생각보다 안전하지 않다. 밖에서 열 수 없는 이중 안전고리(이중 잠금걸쇠)를 추천한다. 그냥 걸기만 하는 게 아니라 밖에서 열 수 없도록 한 번 더 잠글 수 있다.

준비물 펜, 전동 드릴, 이중 안전고리 제품
난이도 ❶❷
특이사항 드라이버나 전동 드릴로 구멍을 먼저 뚫는다.

작업비용 부르면 40,000원,
혼자 고침 5,000원

해결책!

**먼저 구멍을 뚫은 뒤
나사못을 박는다.**

② 전동 드릴 앞부분에 드릴 비트를 끼운 뒤 표시한 자리에 구멍을 뚫는다(전동 드릴 사용법은 46쪽 참조). 전동 드릴이 없다면 못을 망치로 두드려 구멍을 얕게 내고 드라이버로 힘껏 돌려 나사못을 박아도 된다.
Tip. 전동 드릴을 쓸 때는 나사못보다 구멍이 크지 않도록 가는 비트를 이용해 살짝만 뚫어준다.

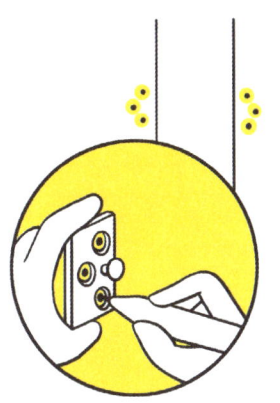

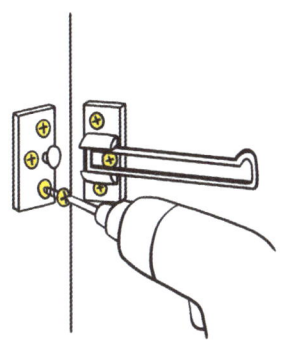

① 안전고리 제품은 문에 붙이는 고리, 문틀에 붙이는 걸림쇠로 구성된다. 설치에 필요한 나사못도 함께 들어 있다. 안전고리를 설치할 위치를 정하면 고리와 걸림쇠를 대고 나사못이 들어갈 구멍을 문과 문틀에 펜으로 표시한다.
Tip. 고리와 걸림쇠의 수평이 맞는지 잘 확인한다.

③ 제품의 구멍과 표시해놓은 구멍을 잘 맞춰서 전동 드릴로 나사못을 박는다.

#6

문고리가
고장났다

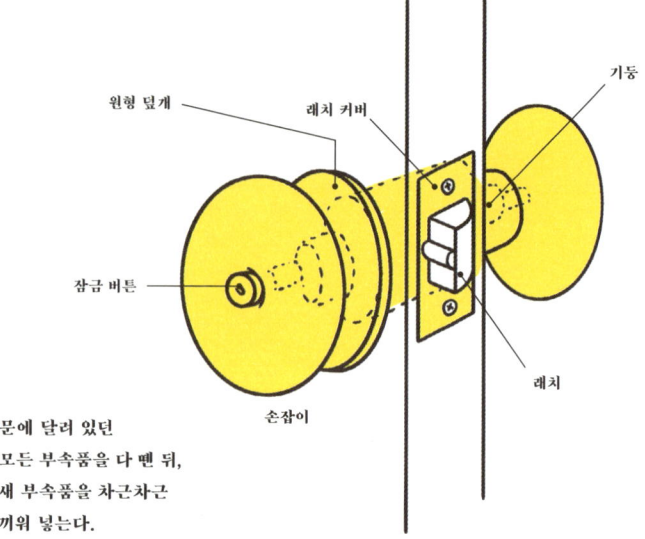

원형 덮개 / 래치 커버 / 기둥 / 잠금 버튼 / 손잡이 / 래치

문에 달려 있던
모든 부속품을 다 뗀 뒤,
새 부속품을 차근차근
끼워 넣는다.

문고리는 무겁거나 복잡하지 않아 떼기도 쉽고, 전기도 흐르지 않고, 배수관처럼 무시무시한 내용물을 품고 있지도 않다. 새것으로 교체하는 데 10분이면 충분하니 겁먹지 말고 도전해보자.

문고리는 인터넷으로 검색하면 다양한 디자인을 찾을 수 있는데, 크게 손잡이가 둥근 것과 기다란 것 두 종류로 나뉜다. 둘의 내부 구조가 살짝 다르기 때문에, 먼저 둥근 문고리 바꾸는 법을 소개한다.

준비물 드라이버, 송곳, 새 문고리 세트
난이도 ❶
특이사항 둥근 문고리를 뗀 뒤에 기다란
문고리를 달 수 있고, 반대도 가능하다.

작업비용 부르면 50,000원,
혼자 고침 8,000원

해결책!

손잡이와 래치를 떼고,
역순으로 새 문고리를 설치한다.

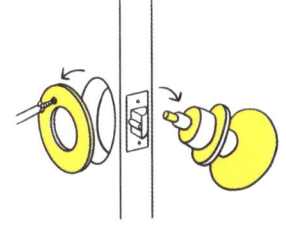

Step 1.
낡은 손잡이 떼기

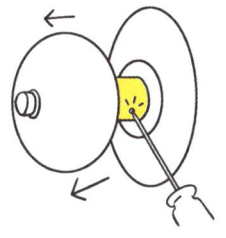

① 낡은 손잡이를 뺀다. 잠금 버튼이 있는 쪽에서 손잡이와 문을 연결하는 원형 기둥의 홈을 송곳으로 누른 채 손잡이 부분을 당기면 쏙 빠진다.

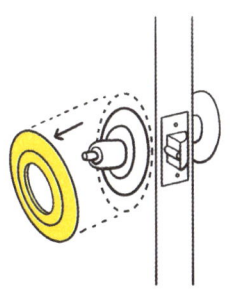

② 원형 덮개를 시계 반대 방향으로 돌려서 빼낸다.

③ 원형 덮개를 뗀 뒤 나사못을 풀어 고정판도 떼어낸다. 전동 드릴을 쓰지 않아도 드라이버로 쉽게 풀 수 있다. 그리고 반대편 손잡이를 잡아당기면 연결된 몸통까지 나머지 부분 전체가 쏙 빠져나온다.

Step 2.
잠금장치(래치) 꺼내기

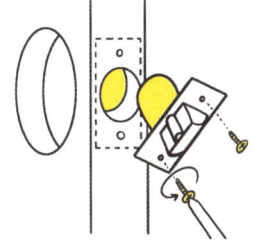

④ 이제 문에는 잠금장치(래치)만 남아 있을 것이다. 래치를 고정하고 있는 나사못 두 개를 드라이버로 풀고 래치를 꺼낸다.

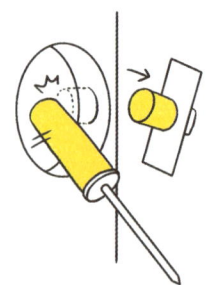

Step 4.
새 손잡이 끼우기

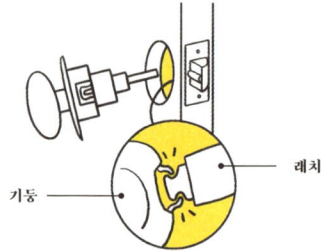

기둥 — 래치

Tip. 잘 빠지지 않을 때는 손잡이와 기둥을 꺼낸 구멍 안쪽에서 래치를 툭툭 치면 쉽게 뺄 수 있다. 드라이버를 거꾸로 쥐고 손잡이 부분으로 툭툭 쳐보자.

⑥ 방 바깥(잠금 버튼이 없는 쪽)에서 안쪽으로 기둥과 손잡이를 끼운다. 미리 끼워놓은 래치의 걸쇠와 기둥의 걸쇠가 정확히 물리도록 방향을 맞춘다.

Tip. 문 옆에서 래치를 눌렀을 때 래치와 손잡이와 연결된 원형 기둥의 홈끼리 걸리도록 맞춘다. 잘 맞추면 끝까지 들어가 딱 맞는 느낌이 든다. 손잡이를 돌려서 래치가 제대로 들락날락하는지 확인하자.

Step 3.
새 래치 끼우기

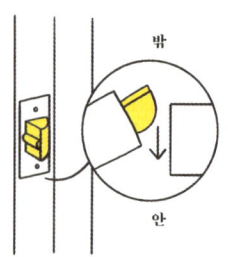

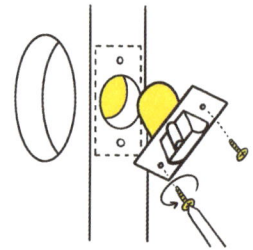

⑤ 문에서 래치를 뗀 자리에 새 래치를 끼운다. 래치의 둥근 부분이 문이 닫히는 방향을 향하게 한다. 래치를 끼운 뒤 래치 커버를 씌워서 나사못으로 고정한다.

⑦ 거의 다 왔다. 이제 반대쪽을 고정하고 손잡이를 끼우기만 하면 된다. 나사못 구멍에 맞게 고정판을 덮고, 나사못으로 고정한다.

⑧ 원형 덮개를 시계 방향으로 돌려서 씌운다.

⑨ 잠금 버튼이 있는 손잡이를 시계 방향으로 돌려 끼운다.

#7

기다란 문고리,
더 쉽게 바꿀 수 있다

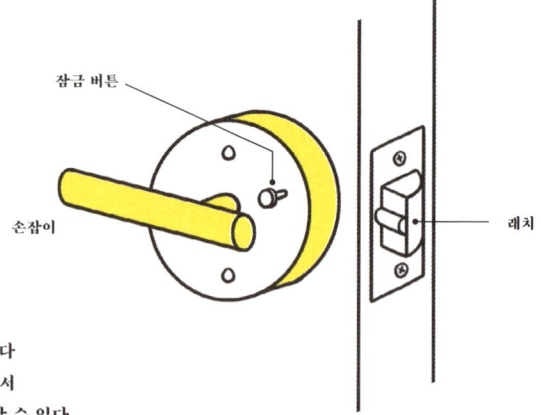

둥근 문고리보다
구조가 간단해서
더 쉽게 떼고 달 수 있다.

요즘 기다란 문고리로 바꾸고 싶어 하는 사람들이 많아진 것 같다. 비교적 디자인이 다양하기 때문인 듯하다. 손잡이에 원형 기둥이 달려 있는 둥근 문고리와 달리, 기다란 문고리는 원형 기둥이 없고 손잡이와 내부 잠금장치(래치)가 바로 연결된다.

여기서는 기다란 문고리를 또 다른 기다란 문고리로 바꾸는 방법을 소개하지만, 둥근 문고리를 떼고 기다란 문고리를 달고 싶다면 떼는 법까지만 앞 장(71쪽)을 참고하면 된다.(기다란 문고리 대신 둥근 문고리를 달고 싶다면 당연히 반대로!)

준비물 드라이버, 새 문고리 세트
난이도 ❶
특이사항 둥근 문고리와 달리, 나사못만 풀면 바로 손잡이를 분리할 수 있다.

작업비용 부르면 50,000원,
혼자 고침 10,000원

해결책!

**손잡이와 래치를 떼고,
역순으로 새 문고리를 설치한다.**

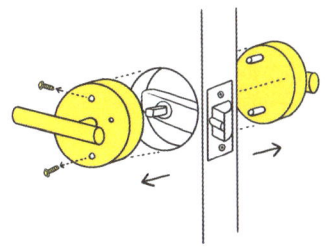

Step 1.
낡은 손잡이 떼기

[가]

[나]

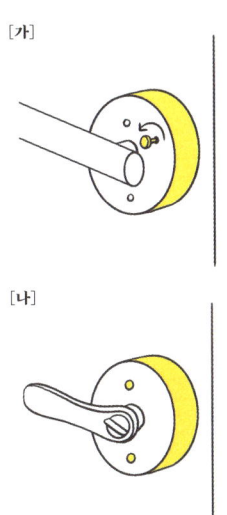

① 기다란 문고리는 잠그는 방법에 따라 두 가지 유형이 있다. 짧은 막대를 꾹 눌러서 잠그는 [가]의 유형과 손잡이에 잠금장치가 있는 [나]의 유형이다. 떼어낼 손잡이가 [가]와 같다면 먼저 잠금 버튼을 시계 반대 방향으로 돌려 분리한다. [나]와 같은 손잡이라면 이 단계는 건너뛴다.

② 손잡이의 나사못을 풀고 문의 양쪽에서 잡아당기면 손잡이가 쉽게 빠진다.

Step 2.
잠금장치(래치) 꺼내기

③ 손잡이를 떼어낸 자리에는 잠금장치(래치)만 남아 있다. 래치 중앙에 있는 사각 철심을 손으로 쏙 잡아 뺀다.

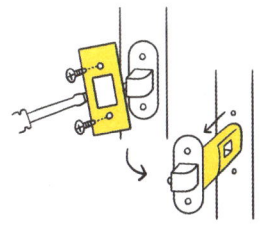

④ 이제 래치를 꺼낼 차례다. 문 옆쪽 나사못을 풀어 래치 커버를 먼저 떼고, 래치도 꺼낸다.

Tip. 오래된 문고리라면 나사못이 낡아서 잘 풀리지 않거나 래치 커버가 잘 떨어지지 않을 수도 있다. 이때는 일자 드라이버를 래치 커버 틈에 끼우고 지렛대의 원리를 이용해 벌리듯 힘을 가해보자.

Step 3.
새 래치 끼우기

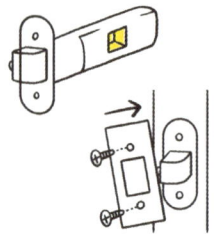

⑤ 새 래치를 끼울 때는 방향에 유의하자. 사람을 가두려는 목적이 아니라면 문고리를 잠그는 쪽이 방 안에 있는 것이 상식인데, 그쪽으로 사각 철심을 꽂을 구멍이 오도록 해야 한다. 방향을 잘 잡고 래치를 문 옆으로 끼운 뒤 래치 커버를 덮고 나사못으로 고정한다.

⑥ 래치 가운데 구멍으로 사각 철심을 꽂는다.

Step 4.
새 손잡이 달기

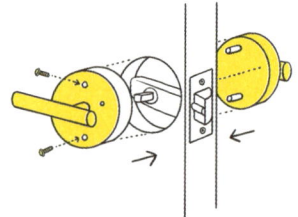

⑦ 바깥쪽 손잡이를 끼운다. 이어서 안쪽도 손잡이가 수평이 되도록 끼운다.(안쪽 손잡이에는 래치의 사각 철심을 끼울 수 있는 구멍이 있다. 구멍과 철심을 잘 맞춰 넣는다.) 안쪽에서 나사못으로 손잡이를 고정하면 반대쪽 손잡이도 고정된다.

⑧ 안쪽 손잡이의 홈에 잠금 버튼을 끼우고 시계 방향으로 돌려 고정한다.(잠금 버튼이 손잡이 중앙에 있는 [가] 유형의 문고리라면 앞 단계에서 이미 작업 완료.)

#8

싱크대 문짝,
언제 한번 손봐야 할 텐데…

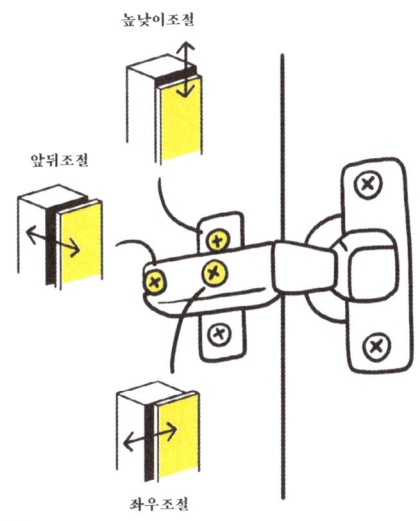

**문이 어긋나거나 덜렁거린다면,
경첩의 나사를 조이거나 푼다.**

싱크대 문짝은 드라이버 하나로 누구나 쉽게 높이나 간격을 조절할 수 있다. 싱크대 경첩에 있는 나사못들이 각자 기능을 갖고 있기 때문이다. 각각의 나사못을 조이거나 풀면 비뚤어지거나 내려앉은 문짝도 쉽게 손볼 수 있다.

준비물 드라이버
난이도 ❶
특이사항 어떤 나사를 돌려야 할지 헷갈리면 일단 드라이버로 여기저기 돌려보자. 돌리는 나사에 따라 문이 어떻게 움직이는지 감이 올 것이다.
작업비용 0원

자립인간의 첫걸음

해결책!

**드라이버로 경첩의
나사못을 돌린다.**

상황 ① 경첩이 전반적으로 헐거울 때

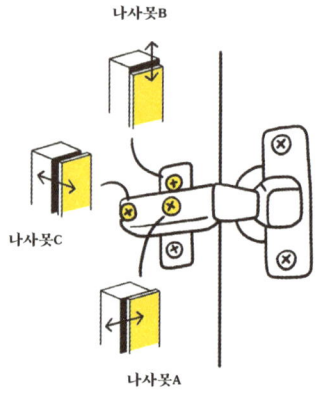

경첩이 헐거워지면 문이 삐뚤어지거나 내려앉기 쉽다. 드라이버로 나사못 A, B, C를 전체적으로 조일 것. 경첩에서 나사못이 완전히 빠져버렸다면 크기에 맞는 나사못을 끼워주면 된다.

상황 ② 문짝과 문틀 간격이 이상할 때

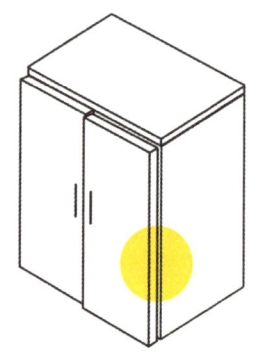

문짝과 문짝, 문짝과 문틀 간격이 너무 붙거나 벌어져 있다면 나사못A를 조이거나 푼다. 조일수록 문과 문틀의 간격이 벌어진다.

상황 ③ 양쪽 문짝의 높이가 다를 때   **상황 ④ 문짝이 잘 안 닫힐 때**

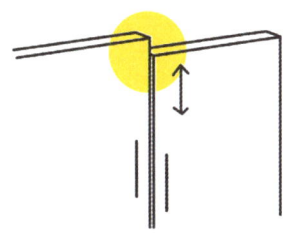 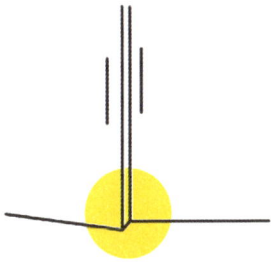

나사못B를 살짝 풀면 문짝이 위아래로 움직인다. 문짝이 원하는 높이가 되었을 때 나사못을 고정하면 된다.

문짝이 덜렁거리거나 잘 안 닫힌다면, 나사못C가 헐거운 것이다. 나사못C는 단단히 죄어 있어야 한다. 문짝이 완전히 빠져버렸다면 나사못C를 풀고 경첩을 끼운 다음 다시 조인다.

안 부르고
혼자 고침

Part. 4

누전 차단기가 산다 두꺼비집에는

#형광등 #콘센트 #전기

#1

전기가 나갔다, 정전인가?

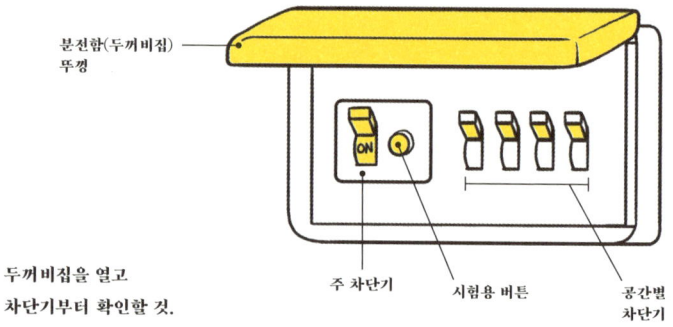

분전함(두꺼비집) 뚜껑

두꺼비집을 열고
차단기부터 확인할 것.

주 차단기 시험용 버튼 공간별 차단기

분전함은 집으로 들어오는 전기의 첫 번째 관문이다. 보통 거실이나 현관에 있는데, 두꺼비집이라고 부르기도 한다(옛날에는 그 모양이 마치 두꺼비가 웅크린 것 같았기 때문). 뚜껑을 열면 그림처럼 누전 차단기가 보인다. 정전도 아닌데 집 안의 전기가 갑자기 꺼지는 건 이 차단기가 내려갔기 때문이다. 왼쪽의 주 차단기는 전체 전력을 통제하고, 오른쪽의 작은 스위치들은 전등, 콘센트 또는 공간별로 회로를 분리하여 통제한다. 에어컨은 전기 사용량이 많아 차단기가 따로 설치된 경우가 많다.

누전 차단기가 내려가는 건 특정 회로에 전기 사용량이 지나치게 많을 때, 습기나 먼지로 인해 누전이 생길 때, 전기제품의 접촉 불량으로 누전이 생길 때 등이다. 큰 사고가 생기기 전에 전기 시설을 점검할 수 있는 기회이니 겁먹지 말고 문제를 해결해보자.

준비물 없음
난이도 ❶
특이사항 누전은 전기가 샌다는 뜻이다. 물이 갑자기 세게 나오면 수도꼭지에서 호스가 빠져버리거나 작은 틈으로 물이 새어나오듯, 전기도 샌다.
작업비용 0원

해결책!

**분전함을 열고
차단기를 올린다.**

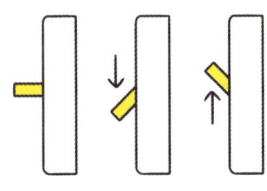

**아래로
한 번 내렸다가,
다시 올린다.**

① 전기가 나갔을 때는 먼저 분전함을 열고 차단기가 내려가지 않았는지 확인하자. 차단기의 스위치는 위, 중간, 아래 세 단계로 움직이는데 전기가 나갔을 때는 가운데 있을 것이다. 바로 올리면 올라가지 않으니 아래로 내렸다가 다시 올려야 한다. 무리 없이 차단기가 올라가고 전기가 다시 들어오면 일시적인 과부하로 차단기가 작동한 경우다.

Tip. 일시적인 과부하라 하더라도 원인을 제거하는 것이 좋다. 한 콘센트에 전력 소비량이 높은 제품을 여러 개 꽂거나 멀티탭을 사용하고 있었다면 그중 주 원인으로 짐작되는 제품을 다른 콘센트에 단독으로 꽂아보도록 하자.

② 차단기를 올리자마자 다시 스위치가 내려간다면 어딘가에서 누전이 생긴다는 뜻이다. 차단기를 내린 상태에서 모든 전자 제품의 플러그를 뽑고 차단기를 올린 뒤 냉장고, 전기 밥솥, 냉·온수기, 보일러, 세탁기, 컴퓨터 등을 하나씩 꽂아본다. 특정 제품의 플러그를 꽂았을 때 차단기가 내려간다면 그 제품에 이상이 생긴 것이다. 그것만 빼고 다른 제품들의 플러그는 꽂아서 평소처럼 사용한다. '일반인'이 확인할 수 있는 건 여기까지다. 전등을 끄고 플러그를 다 뽑았는데도 차단기가 계속 내려간다면 전기 전문가를 불러 점검 받아야 한다.

③ 평소에 월 1회 정도 차단기가 제대로 작동하는지 확인해본다. 주 차단기 옆의 시험용 단추를 눌렀을 때 딱 소리가 나면서 스위치가 내려가면 정상이다. 시험용 단추를 누르면 인위적으로 누전 상태가 되어 작동 여부를 점검할 수 있다.

알아두면 쓸모 있다

실생활에서 자주 쓰이는 전기 용어들

전문가가 아닌 이상 원리를 이해하면서 전기를 사용하기는 어렵다. 하지만 전기제품을 사용할 때 자주 등장하는 용어 몇 가지만큼은 이번 기회에 알아두자.

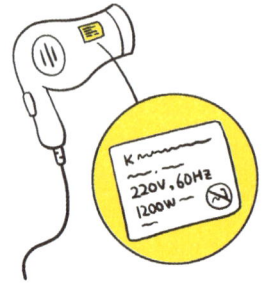

전압(V. 볼트) 전기를 보내는 힘.

전류(A. 암페어) 전기가 전선을 통해 흐르는 양. 전기를 물이라고 친다면 전류는 수도관의 너비에 해당한다.

전력(W. 와트) 전등이나 모터에 전기를 보내 빛 또는 열을 내거나 움직이도록 하는 힘. 온풍기, 온열기, 헤어 드라이어, 전기장판 등 발열제품의 경우 전력을 많이 소비한다. 늘 보온을 유지하고 있어야 하는 밥솥이나 사용하지 않을 때에도 무언가 열심히 일을 하는 텔레비전, 컴퓨터, 셋톱 박스 등은 대기전력 사용량이 상당하므로, 사용하지 않을 때는 코드를 뽑아둔다.

소비전력(Wh) 시간당 사용하는 전력량. 소비전력이 높을수록 전기요금이 많이 나온다. 전자제품을 살 때 꼭 확인해보자.

누전 전기가 새는 것. 전선이나 전기제품의 피복이 손상된 상태로 전기가 통하는 물체에 닿으면 그곳으로 전기가 흐르게 된다. 열이 발생하여 불이 나거나 신체 일부가 닿을 경우 감전 사고의 위험이 있다.

접지 누전 시 아주 소량의 전기로도 감전사고가 생길 수 있으므로 전기가 흐르는 플러스, 마이너스 두 전선 외에 접지선을 하나 더 설치하여 전기를 흘려보낸다. 그래서 접지 기능이 있는 전선이나 콘센트, 플러그는 내부 전선이 세 가닥이다.

합선 두 가닥으로 나눠진 플러스 전선과 마이너스 전선이 본의 아니게 만나는 상태. 현장에서는 '쇼트 난다'는 표현을 쓴다. 강력한 불꽃과 열이 발생하며 매우 위험하다. 전선이 낡아 피복이 벗겨져서 생기는 경우가 많지만, 사용 전력량이 큰 전기기구의 전선이 열에 녹는 경우도 있다.

#2

화장실 등이
나갔다

전구

소켓

**전등 뚜껑을 열면
안에 전구가 꽂혀 있다.**

전등에 불이 들어오지 않을 때는 전구를 교체한다. 화장실, 거실, 현관, 외부 등의 경우 주로 뚜껑 안쪽에 전구가 숨어 있다. 그럴 때는 뚜껑을 먼저 열어 전구를 세상 밖으로 꺼내야 한다. 뚜껑을 분리하고 나면 전구를 교체하는 일은 어렵지 않다. 전구를 돌려서 꺼낸 뒤 새것을 다시 끼우면 된다.

전구가 아니라 스위치, 전선, 소켓 등 다른 부분의 고장이 의심된다면 같은 소켓을 사용하는 다른 등이나 스탠드에 전구를 끼워서 불이 잘 들어오는지 확인한다. 거기서는 불이 들어오는데 화장실에서만 안 들어온다면, 확실히 다른 곳이 망가진 것. 지체 없이 기술자를 부르자.

준비물 새 전구, 일자 드라이버, 장갑
난이도 ❶
특이사항 전구를 교체하는 것보다 전등 뚜껑을 여는 게 더 오래 걸릴 수도 있다.

작업비용 부르면 40,000원,
혼자 고침 2,000원

해결책!

**전구를 돌려서 빼고,
새것을 끼운다.**

① 먼저 전등을 끈 상태에서 장갑을 끼고 작업해야 한다. 차단기를 내리고 작업할 것을 추천한다(누전 차단기 내리는 법 82쪽 참조).

② 뚜껑을 연다. 화장실 등의 모양은 천차만별이지만 한 가지는 확실히 말할 수 있다. 모든 뚜껑은 그리 어렵지 않게 열린다. 뚜껑을 돌리거나, 들어올리거나, 너트와 나사못 같은 연결 장치를 풀거나, 고정용 걸림 돌기를 살짝 누르면서 분리하거나, 틈 사이에 일자 드라이버를 넣어 슬슬 벌리면서 열거나. 열 수 있다는 믿음을 가지고 방법을 찾아보자.

Tip. 등 기구가 너무 오래되어 뚜껑을 고정해놓은 나사가 망가져 쉽게 안 열리는 경우도 있다. 그럴 때는 등 기구 전체를 교체해야 한다. 혼자 고칠 수 없는 건 아니지만 난이도가 4단계 정도 된다. 초보자라면 전문가의 도움을 받자.

③ 뚜껑을 열면 전구가 보인다. 전구를 잡고 시계 반대 방향으로 돌려 소켓에서 빼낸다.

④ 새 전구를 소켓에 대고 시계 방향으로 돌려 넣는다.

⑤ 원래대로 뚜껑을 덮고 스위치를 올려서 불이 들어오면 성공.

#3

형광등이
자꾸 깜빡거린다

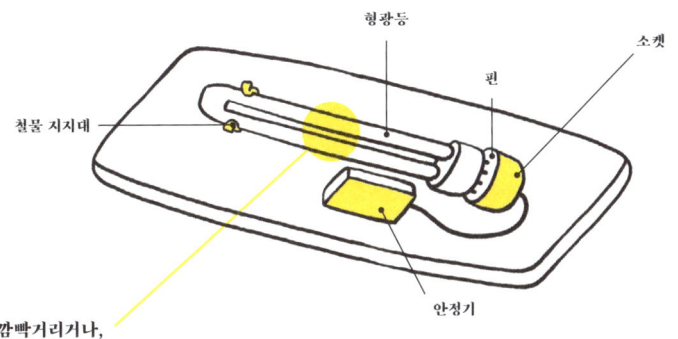

**깜빡거리거나,
너무 늦게 불이 들어온다면
형광등을 갈 때가 됐다.**

형광등 끝을 꽂아 전기와 연결하는 부분이 소켓이다. 이 소켓의 종류에 따라 형광등도 여러 가지여서 한쪽만 소켓에 꽂는 것, 양쪽 끝을 꽂는 것이 있고, 원형 형광등도 있다. 각각 등을 교체하는 방법이 다르니 새것을 살 때는 우리 집 형광등의 모양과 길이가 같은지 잘 살펴보자.

형광등이 꽂히는 본체의 형태도 여러 가지다. 등이 드러나 있는 형태는 바로 갈아 끼울 수 있지만 그렇지 않다면 덮개부터 열어야 한다. 나사못을 풀어야 하는 것도 있고, 간단히 손으로 조작이 가능한 것도 있으므로 이음새 부분을 꼼꼼히 살펴서 덮개를 떼어내자.

준비물 새 형광등, 장갑
난이도 ❶
특이사항 형광등은 생각보다 쉽게 깨지지
않는다. 불안해하지 말자.

작업비용 부르면 40,000원,
혼자 고침 3,000원

해결책!

**헌 형광등을 빼고
새것으로 바꾼다.**

**초보자가 형광등을 갈 때는
먼저 누전 차단기부터 내리자.**

형광등 본체가 아주 낡은 것이 아니라면 굳이 차단기를 내리지 않고 스위치만 끈 상태에서 작업해도 되지만, 처음 시도하는 경우라면 경험자와 함께 교체하거나 아예 누전 차단기를 내리고 작업하는 것이 안전하다(누전 차단기 내리는 법 82쪽 참조). 밟고 올라갈 의자는 바퀴가 없고 흔들림 없이 튼튼한 것으로 선택한다.

한쪽만 꽂는 이관 형광등

① 소켓 반대쪽 끝부분을 보면 형광등을 철물 지지대가 잡고 있다. 먼저 철물 지지대에서 형광등을 꺼낸 뒤, 소켓에서 당겨서 빼낸다.

② 새 형광등을 철물 지지대에 먼저 끼우고, 뒤에서부터 소켓 방향으로 밀어서 꽂는다. 이때 핀이 소켓 구멍에 잘 꽂히도록 주의한다.

양쪽을 꽂는 직관 형광등

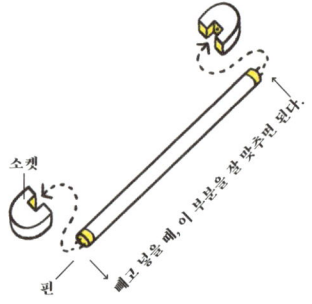

① 양쪽 끝을 부드럽게 돌려서 핀이 소켓에서 빠져나올 수 있도록 홈과 방향을 맞춘다. 이어서 형광등을 바깥쪽으로 끄집어낸다.

② 새 형광등을 홈에 맞춰 밀어 넣은 뒤, 양쪽 끝을 잡고 동시에 돌려서 소켓에 딸깍 물리게 한다.

Tip. 소켓 부분이 스프링처럼 형광등을 고정하는 형태일 수도 있다. 이때는 차례로 한쪽씩 소켓 쪽으로 꾹 눌러서 헌 형광등을 꺼내고, 새 형광등도 한쪽씩 눌러서 끼우면 된다. 천장 쪽으로 누르는 게 아니라 소켓 쪽으로 눌러야 한다.

원형 형광등(써크라인)

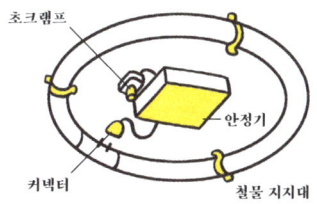

① 형광등과 플라스틱 커넥터가 연결된 부분을 찾아 뽑는다.

② 동그란 형광등을 중간중간 받치고 있는 철물 지지대에서 형광등을 꺼내어 분리한다.

③ 새 형광등을 끼울 차례. 먼저 커넥터를 새 형광등에 연결한 뒤, 철물 지지대에 한쪽씩 끼워 고정한다.

Tip. 초크램프(스타터) 교체하는 법
형광등에는 일정한 전압을 유지시키는 안정기가 있고, 스파크를 일으키는 초크램프가 거기 꽂혀 있다. 형광등에 이상이 없는데 불이 들어오지 않는다면 초크램프의 수명이 다했을 수 있다. 새것을 사서 갈아 넣자. 손으로 잡고 돌리면 방향에 상관없이 쉽게 빠진다. 새 램프를 끼울 때도 구멍에 잘 맞춰 넣고 돌리면 된다.

"누전 차단기를 내리고 작업하자!"

알아두면 쓸모 있다

집에서 쓰는 전구의 종류

전구의 종류는 아래와 같지만 읽어도 헷갈릴 수 있으니, 전구를 살 때는 쓰던 전구를 뽑아서 들고 가자.

백열전구 필라멘트가 가열되면서 빛이 생긴다. 열이 많이 나고 전력 소모가 커서 요즘은 많이 사용하지 않는다.

형광등 진공 유리관 안에서 필라멘트의 열이 형광물질에 반사되며 빛을 낸다. 안정기가 고전압을 유도하고 초크램프가 반복적으로 스파크를 일으킨다. 백열전구에 비해 발열이 적고 전력 소비량도 30퍼센트 수준이다.

삼파장 램프 안정기 일체형으로, 형광등이 발전된 형태. 빛의 세 가지 파장(청색, 적색, 녹색)을 혼합한 것으로, 깜빡거림이 적고 전력 소비량은 백열전구 정도다.

엘이디(LED) 전구 전류가 흐르면 빛이 나는 반도체를 사용. 가격은 높지만 백열전구나 삼파장 램프에 비해 전력 소모가 적고 수명이 월등히 길다. 60와트(w) 백열전구를 엘이디 전구로 교체하고 싶을 때 8~9와트면 충분하다. 백열전구 60와트의 밝기가 710루멘(lm)인 데 비해 삼파장 램프는 15와트가 850루멘, 엘이디 전구는 9와트가 806루멘이다.

전구의 크기 나선 형태로 되어 있는 전구의 밑부분(베이스) 지름 크기에 따라 14B, 17B, 26B로 나뉜다.

전구의 밝기 광속(lm, 루멘)으로 표기되어 있지만 주로 전력량인 와트로 구별한다.

전구의 색 주광색(형광등 하얀색), 백색, 전구색(백열등 노란색)으로 주로 표기한다. 빛 온도로 자세히 표기되어 있으니 확인할 수 있다.

#4

이런, 플러그가 망가졌다

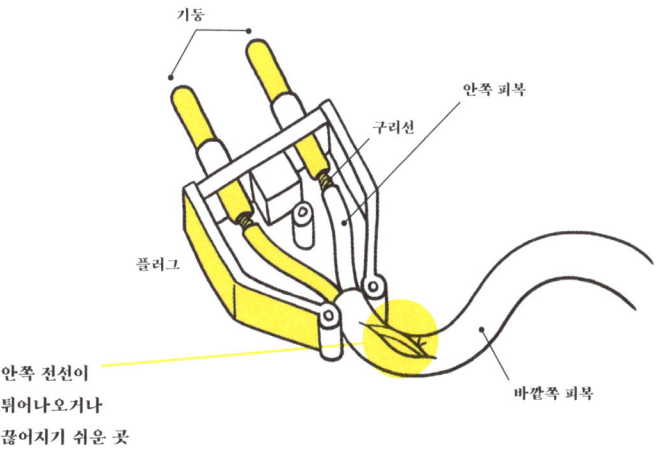

전기로 작동하는 모든 제품에 없어서는 안 될 플러그. 오래 쓰다 보면 플러그와 연결된 부분의 전선이 낡아서 손상되기 쉽다. 플러그 속의 전선이 빠져 접촉 불량이 되거나, 플러그 몸체 부분이 부서지는 경우도 있다. 말썽을 부리는 플러그를 교체해보자.

거의 모든 과정이 전선 작업이므로 전선의 구조만 잘 이해하면 된다. 전선을 감싸고 있는 바깥쪽 피복을 벗겨보면, 한 가닥씩 안쪽 피복에 싸여 두 줄로 나뉜 전선이 들어 있다. 이 두 가닥이 플러그 기둥에 각각 연결되는 것이다.

준비물 새 플러그, 드라이버, 니퍼, 칼
난이도 ❶❷
특이사항 코드를 뽑을 때 플러그가 아니라 전선만 잡아당기는 사람도 많은데, 그러다가 안에서 헐거워져 있던 전선이 쏙 빠지면 감전사고로 이어질 수 있다.
작업비용 부르면 40,000원, 혼자 고침 1,000원

해결책!

헌 플러그를 떼고
새것으로 교체한다.

Step 1.
헌 플러그 떼기

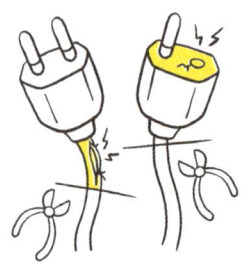

① 플러그와 연결하는 전선이 망가졌을 때는 망가진 부위 바로 뒤에서 니퍼로 자른다.(가위를 써도 된다.) 플러그만 망가졌다면 플러그가 끝나는 부분에서 적당히 자른다.

Step 2.
전선 피복 벗기기

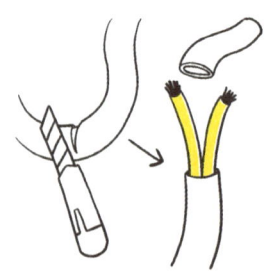

② 안쪽 피복이 잘리지 않도록 전선을 구부린 다음, 살짝 홈집을 낸다는 기분으로 니퍼나 커터칼로 바깥쪽 피복을 먼저 벗긴다. 빙 둘러 칼집을 넣은 뒤 잡아당기면 바깥쪽 피복이 빠진다.(넉넉하게 10cm가량 벗겨내면 작업하기가 훨씬 수월하다.)

Tip. 요즘은 접지선까지 내부 전선이 세 가닥인 전기제품도 많다.(접지선은 보통 녹색이다.) 열어보니 전선이 세 가닥이라면 94쪽의 내용을 함께 참고하도록 한다.

③ 바깥쪽 피복을 벗기면 두 개의 전선이 있을 것이다. 안쪽 전선의 피복을 2~3cm 정도로 각각 다시 한 번 벗긴다. 니퍼로 살살 돌려가며 가위질 하듯이 홈집을 낸다.

Tip. 니퍼 날 안쪽에 피복을 쉽게 벗길 수 있도록 동그란 홈이 있는 제품도 있는데, 그런 니퍼를 사용하면 작업이 훨씬 쉽다.

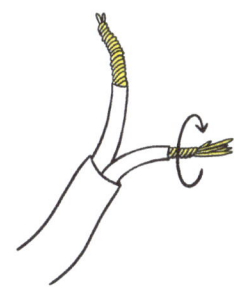

⑥ 플러그는 콘센트에 꽂도록 튀어나온 기둥 2개에 전선이 연결되는 구조다. 뚜껑을 열어보면 각 기둥에 전선을 꽂는 구멍이 있다. ④에서 꼬아둔 구리선을 구멍에 하나씩 넣는다. 아무 쪽이나 연결하면 된다.

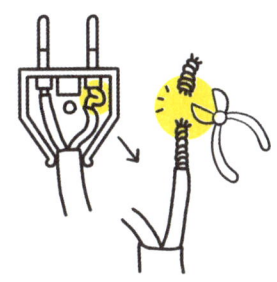

④ 피복 속에 들어 있는 여러 가닥의 얇은 구리선이 실제로 전기가 통하는 선이다. 플러그에 연결할 때 잘 고정되도록 따로따로 손으로 꼬아둔다. 전선에 찔릴 수 있으니 장갑을 끼면 좋다.

Step 3.
새 플러그 연결하기

Tip. 안쪽 피복을 너무 많이 벗겨서 기둥 안에 다 들어가지 않는 경우에는 구리선 끝부분을 니퍼로 잘라 길이를 맞추면 된다.

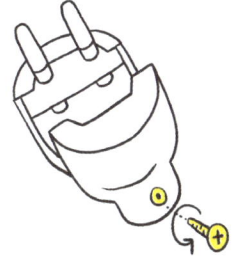

⑤ 새 플러그의 가운데 있는 나사를 십자 드라이버로 푼다.

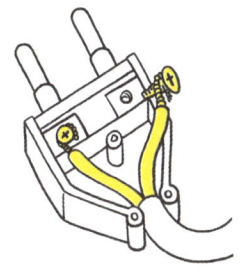

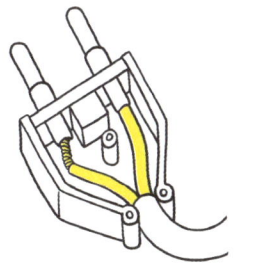

Tip. 전선을 넣는 구멍 양쪽에 나사가 있는 경우도 있다. 그땐 드라이버로 양쪽 나사를 풀고 전선을 끼운 뒤 다시 나사를 조인다.

⑦ 플러그 뚜껑을 닫고 드라이버로 나사를 조이면 끝.

알아두면 쓸모 있다

전선이 세 가닥일 때
새 플러그 조립하는 법

요즘은 안전을 위해 세 가닥짜리 전선을 쓰는 경우가 많다. 녹색 접지선이 포함되어 있어서 미세하게 남아 있는 전류도 접지판을 통해 흘려보내기 때문에 훨씬 안전하다. 두 가닥 전선일 때와 플러그 교체 방식은 거의 같고, 접지선을 연결하는 방법만 추가로 알면 된다. 단, 이때는 새 플러그도 접지 기능이 있는 플러그로 준비해야 한다.

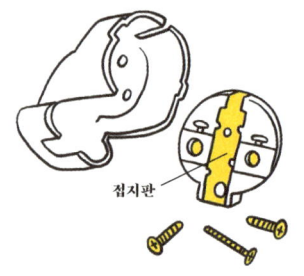

① 그림은 접지 기능이 있는 플러그의 나사를 풀어 분해한 모습. 플러그 가운데에 있는 기다란 판이 접지판이다.

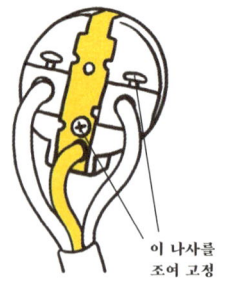

② 안쪽 피복까지 모두 벗긴 세 가닥의 전선을 플러그에 연결한다. 전기가 흐르는 두 가닥은 좌우 양쪽의 구멍에 밀어 넣고 드라이버로 나사를 조여 고정한다. 접지선은 가운데 접지판의 구멍에 집어넣고 나사를 조여 고정하면 된다.

#5

이제는 예쁜 스위치를 달고 싶다

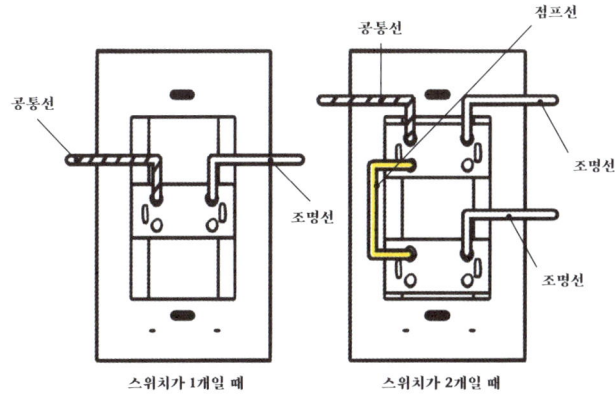

스위치 덮개를 벗기면 이런 모양

스위치 역시 오래 쓰면 닳게 마련이다. 탁탁 걸리는 느낌이 없고, 눌러진 건지 안 눌러진 건지 헷갈린다. 눌렀는데 불이 켜지지 않기도 한다. 방치하지 말고 교체에 도전해보자. 내친 김에 예쁜 스위치로 바꾸면 인테리어 효과도 누릴 수 있다.

스위치는 전기의 연결을 끊었다가 붙이는 원리다. 1개짜리 스위치는 전선 두 가닥을 양쪽으로 꽂기만 하면 된다. 스위치가 2개 이상 있는 것은 기본 공통선을 통해 전기가 들어와서 각각의 전등으로 흘러가게 된다. 스위치와 스위치 사이를 연결하는 선을 점프선이라고 한다. 정해진 원칙은 없지만 공통선만 다른 색인 경우가 많다.

준비물 새 스위치, 드라이버, 니퍼, 장갑
난이도 ❶❷
특이사항 반드시 누전 차단기를 내리고 작업을 시작해야 한다.

작업비용 부르면 40,000원.
혼자 고침 5,000원

해결책!

헌 스위치를 떼어내고
새 스위치에 전선을 연결하여
부착한다.

Step 1.
헌 스위치 떼어내기

① 전기 작업의 시작은 전원 차단이다. 누전 차단기의 전원을 내린다(누전 차단기 내리는 법 82쪽 참조). 전등과 연결된 스위치만 내려도 되지만 확실하게 주 전원을 차단하는 것이 안전하다. 장갑도 착용한다.

③ 나사못을 풀어 스위치를 벽에서 떼어낸다. 나사못을 잃어버리지 않도록 잘 챙긴다.
Tip. 스위치의 덮개를 벗겼는데도 나사못이 보이지 않으면 스위치 누르는 부분의 뚜껑까지 분리한다. 손으로 모서리 부분부터 살살 뜯어내면 된다.

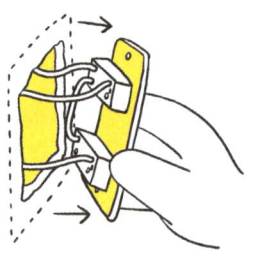

② 스위치의 덮개를 벗겨낸다. 위나 아래에 찾아보면 홈이 보인다. 일자 드라이버를 끼우고 누르면서 살살 벌리면 분리된다. 이것이 바로 지렛대의 원리!

④ 스위치 몸체를 잡고 살짝 흔들면서 벽에서 꺼낸다.

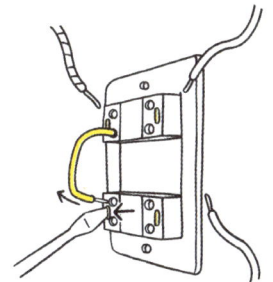

을 통해 방법을 더욱 확실히 익히기를 권장한다.

⑦ 몸체를 벽 속 원래 자리로 밀어 넣고 새 스위치의 덮개를 끼워서 완료한다.

⑤ 전선을 스위치에서 분리할 때는 전선이 꽂힌 구멍 옆의 작은 버튼을 일자 드라이버로 누르고 잡아당긴다. 쉽게 빠지지 않을 때는 누군가를 불러서 드라이버를 힘껏 누르게 한 다음 전선을 살살 건드려가며 뽑아내도록 하자.

Tip. 새 스위치에 전선을 연결할 때 전선 위치가 헷갈릴 수도 있다. 전선을 뽑기 전에 사진을 찍어놓거나 '오른쪽 위', '왼쪽 아래'와 같은 메모를 각 전선에 붙여놓자.

Step 2.
새 스위치 달기

⑥ 뽑아낸 전선들은 끝부분의 피복이 벗겨져서 구리선이 드러난 상태일 것이다. 이 전선들을 원래 있던 모양대로 새 스위치의 구멍에 끝까지 밀어 넣는다. 오래되어 구리선이 훼손되었다면 니퍼로 잘라내고 피복을 벗긴다(피복 벗기는 법 92쪽 참조).

Tip. 전선을 연결할 때는 접속이 확실해야 한다. 헐거울 경우 전선이 흔들리면서 스파크를 일으키고 화재로 이어질 수 있기 때문이다. 이 책에서는 대략적인 수리법을 설명한 것뿐이므로, 전문가의 인터넷 동영상 등

"나도 예쁜 스위치로 바꿀 수 있을까?"

두꺼비집에는 누전 차단기가 산다

알아두면 쓸모 있다

스위치 버튼이 3개 이상일 때

3개 이상 한꺼번에 달린 스위치는 전선 연결이 복잡해 보이지만 차분히 그대로만 꽂으면 교체할 수 있다. 도전해보자. 다만 1개의 전등을 2개 이상의 스위치로 켜고 끄는 제품의 경우에는 전문가에게 의뢰하는 게 좋다.

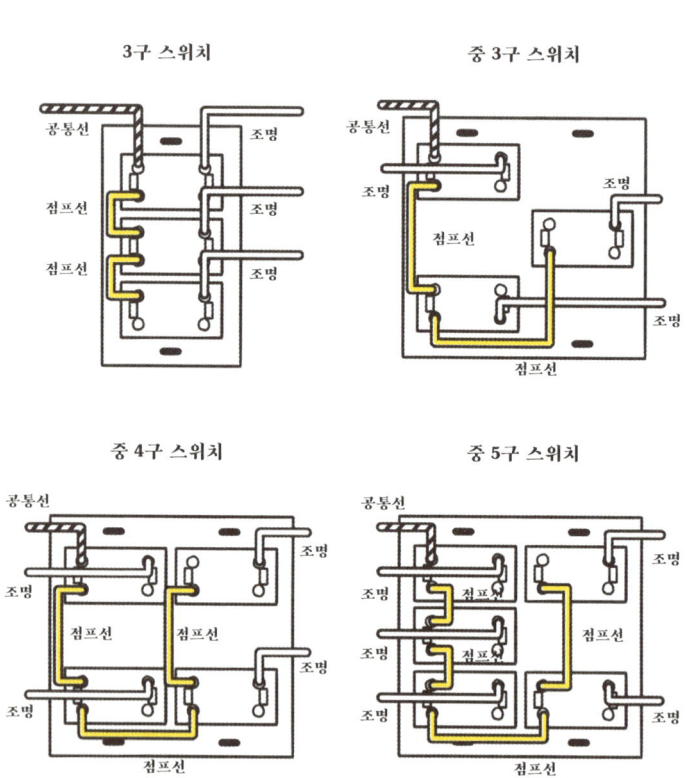

#6

콘센트가
너무 오래됐다

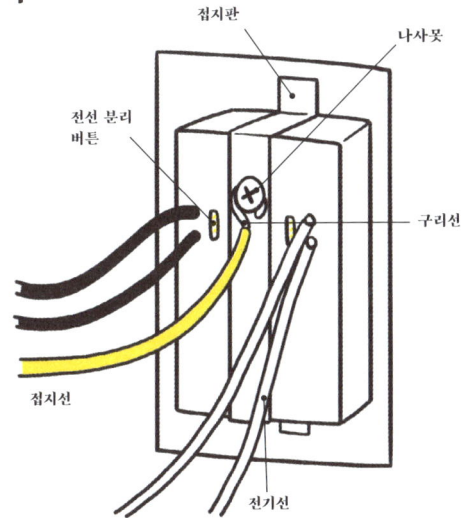

콘센트 뒤쪽은 이런 모습이다.

콘센트의 구멍이 헐거워지거나 안에 먼지가 쌓이면 전선의 연결 상태가 나빠지는데, 방치하면 화재의 원인이 된다. 안전을 위해 당장 교체해보자.

콘센트를 벽에서 꺼내어 뒤를 보면 접지선과 전기선이 연결되어 있다. 접지선은 주로 녹색. 그렇지 않더라도 가운데 접지판에 꽂혀 있어서 쉽게 알아볼 수 있다. 헌 콘센트에 전선이 꽂혀 있던 모습 그대로 새 콘센트에 연결해주면 된다.

준비물 새 콘센트, 드라이버, 니퍼, 장갑
난이도 ❶❷
특이사항 평소 플러그를 콘센트에 끝까지 잘 꽂고, 종종 먼지도 털어내는 습관을 가져보자.

작업비용 부르면 40,000원,
혼자 고침 2,000원

해결책!

헌 콘센트를 떼고
새 콘센트에 전선을 연결하여
부착한다.

Step 1.
헌 콘센트 떼어내기

① 전기가 흐르는 콘센트를 교체하는 작업이다. 가장 먼저 누전 차단기의 전원을 내린다(누전 차단기 내리는 법 82쪽 참조). 어떤 스위치를 내려야 할지 잘 모를 때는 주 전원을 차단한다. 장갑도 착용한다.

③ 십자 드라이버로 나사못을 푼 뒤에 콘센트 몸체를 잡고 살짝 흔들면서 꺼낸다.
Tip. 나사못은 새 콘센트를 고정할 때 필요하니 잃어버리지 않도록 잘 챙겨둔다.

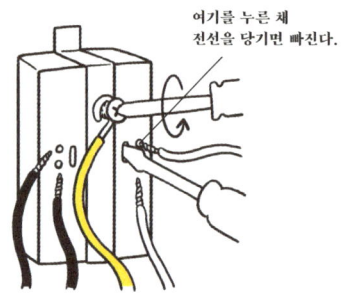

② 위나 아래에 있는 홈을 찾아 일자 드라이버를 꽂고 누르면서 덮개를 들어올린다.

④ 전선의 위치를 기억하면서 하나씩 천천히 분리한다. 헷갈리지 않도록 사진을 찍어두거나 전선마다 메모를 붙여두자.
Tip. 전선이 나사못으로 고정되어 있으면 나사못을 풀고 분리한다. 구멍에 전선이 들어가 있는 경우에는 옆의 버튼을 일자 드라이버로 꾹 누르고 전선을 당겨서 뽑는다.

Step 2.
새 콘센트 달기

⑤ 새 콘센트를 달 때는 위아래 방향을 확인하고 바뀌지 않도록 한다. 피복이 벗겨진 구리선을 구멍에 끝까지 밀어 넣는다. 구리선이 상했거나 불안해 보인다면 니퍼로 그 부분을 끊어내고 피복을 새로 벗기자(피복 벗기는 법은 92쪽 참조). 구리선이 너무 길어서 구멍에 다 들어가지 않을 경우에는 1cm 정도만 남기고 자른다.

Tip. 접지선을 전선 구멍에 넣는 실수를 하지 않도록 한다. 녹색 접지선을 꽂을 자리는 녹색으로 알아보기 쉽게 표시되어 있다.

⑥ 벽 속으로 콘센트를 끼워 넣고 나사못으로 고정한다.

⑦ 콘센트의 덮개를 닫고 완료한다.

"이 정도쯤이야…."

알아두면 쓸모 있다

나를 지키는 전기제품 사용 습관

1. 한 콘센트에 많은 전기제품을 연결하지 말자.
멀티탭을 써서 1개의 콘센트에 전기제품을 많이 연결하면 동시에 많은 전류가 흘러 화재 위험이 높다.

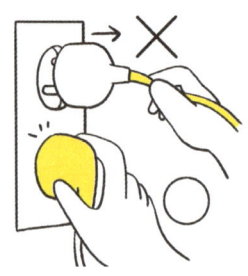

3. 플러그는 몸통을 잡고 끝까지 꽉 꽂자.
플러그는 끝까지 들어가도록 꽉 끼우고, 뺄 때도 전선이 아닌 플러그를 잡는다. 전선만 잡아당기면 전선이 쉽게 훼손되고 플러그와 접촉 불량으로 빨리 망가진다.

2. 물 묻은 손은 위험천만!
전기제품을 사용할 때 물에 젖은 손으로 플러그나 콘센트를 만지지 말자. 물은 전기가 잘 통하므로 감전의 위험이 있기 때문이다.

4. 콘센트와 플러그를 깨끗이 유지하자.
콘센트나 플러그의 먼지도 누전과 합선의 원인이 된다. 마른 헝겊이나 휴지로 닦아 낸다.

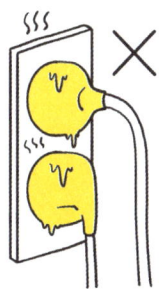

5. 전기제품이 과열되지 않는지 살피자.
전기제품의 전선이나 플러그, 멀티탭이 뜨거우면 사용을 중지하거나 교체한다. 계속 사용하면 녹아내릴 수 있다. 동시에 플라스틱이 녹는 냄새가 나지 않는지 주의를 기울인다.

안 부르고
혼자 고침

Part. 5

안 부르고 혼자 고침
싱크대·화장실

#싱크대 #세면대 #화장실 #수도

#1

싱크대 수돗물이
방바닥까지 튄다

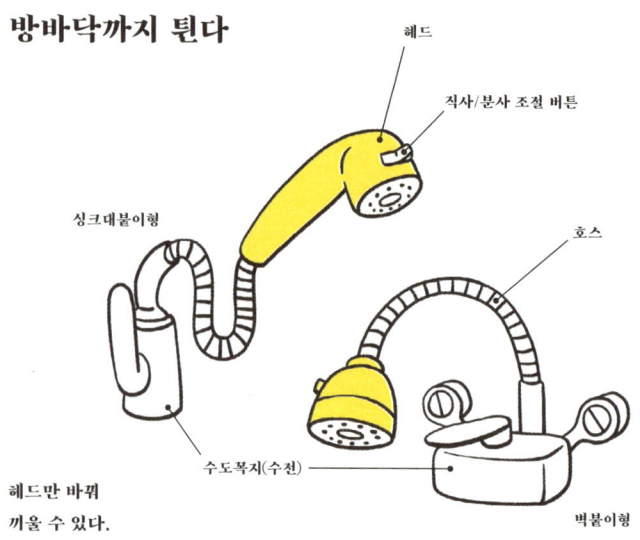

헤드

직사/분사 조절 버튼

싱크대붙이형

호스

수도꼭지(수전)

**헤드만 바꿔
끼울 수 있다.**

벽붙이형

주방 싱크대의 수도꼭지(현장에서는 '수전'이란 말을 더 많이 쓴다)는 크게 두 종류다. 배관이 벽에 있는 벽붙이형과 배관이 싱크대 밑에 있어서 싱크대에 구멍을 뚫고 연결하는 싱크대붙이형. 벽붙이형은 목을 돌리는 형태나 주름(자바라) 형태의 수전을 주로 쓰고, 싱크대붙이형은 주름 형태와 샤워기 형태를 주로 쓰는데, 어떤 것이든 헤드만 별도로 갈아 끼울 수 있다. 싱크대 수도꼭지에서 물이 옆으로 튀거나 직수/분사 조절 버튼을 눌러도 말을 듣지 않는다면 헤드 부분에 탈이 났을 가능성이 높으므로 헤드를 교체하자.

준비물 새 헤드
난이도 ❶
특이사항 수도꼭지의 종류와 상관없이 헤드 사이즈는 모두 같다.

작업비용 부르면 45,000원,
혼자 고침 8,000원

해결책!

헌 헤드를 떼고
새것을 끼운다.

① 헌 헤드를 시계 반대 방향으로 돌리면
풀리면서 분리된다.

② 새 제품을 그 자리에 돌려서 끼운다.

"새 옷에
다 튀었다!"

#2

자바라 호스에서 물이 샌다

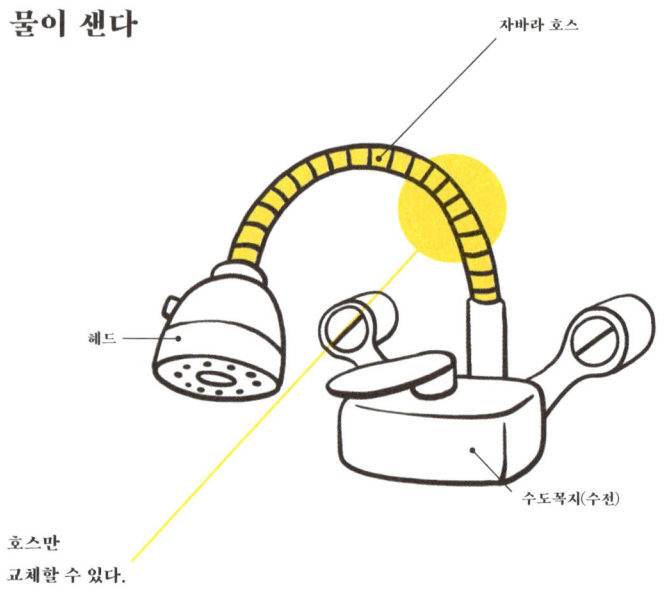

자바라 호스

헤드

수도꼭지(수전)

호스만 교체할 수 있다.

헤드와 호스를 연결하는 지점에서 물이 새는 경우가 많다. 연결 부위가 낡았을 수 있으니 테프론 테이프(테프론 테이프 쓰는 법 110쪽 참조)로 조치해보고, 그래도 계속 샌다면 헤드나 호스를 교체한다. 호스 중간이 터져서 물이 줄줄 새기도 하는데, 이때는 자바라 호스만 교체할 수 있다. 벽붙이형이든 싱크대붙이형이든 모두 가능(위 그림은 벽붙이형). 자바라의 형태를 확인하고 모양이 같은 제품을 사자.

준비물 새 자바라 제품, 몽키스패너
난이도 ❶❷
특이사항 수전 전체를 교체하는 것이 아니다. 자바라 호스만 바꾼다.

작업비용 부르면 45,000원.
혼자 고침 6,000원

해결책!

**자바라 호스를 떼고
새것으로 바꾼다.**

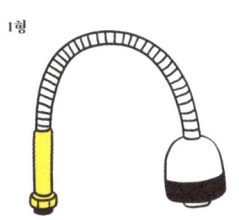
I형

① 자바라 호스만 교체할 때는 굳이 수도를 잠글 필요가 없다. 수도꼭지를 열지 않으면 물이 나오지 않기 때문이다.

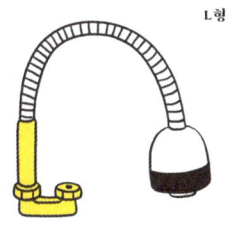
L형

② 몽키스패너를 이용해 수전 뒤쪽에서 연결 부위의 육각 너트를 푼다. 시계 반대 방향으로 돌려야 풀린다. 조금씩 돌리면서 헐거워질 때까지 풀고, 마무리는 손으로 돌려서 풀고 떼어낸다.

Tip. 자바라 호스 모양이 위쪽처럼 I형일 수도 있고, 아래쪽처럼 L형일 수도 있다. 만약 L형이라면 수전 뒤쪽이 아니라 수전 아래쪽에서 너트를 풀어야 한다.

③ 새 제품을 설치한다. 원래 모양대로 손으로 먼저 자리를 잡고 너트를 돌려 끼운다. 몽키스패너로 더 이상 돌아가지 않을 때까지 조심스럽게 조인다.

Tip. 연결 부위의 나사산에 테프론 테이프를 감으면 '물 샐 틈'을 모조리 막을 수 있다(테프론 테이프 사용법 110쪽 참조).

④ 호스와 헤드를 세트로 샀다면 ③에서 끝. 호스만 새걸로 샀다면 이전에 쓰던 헤드를 새 호스와 연결한다(헤드 연결하는 법 107쪽 참조).

알아두면 쓸모 있다

물 샐 틈 없애주는 마법의 테이프

호스를 제대로 연결했는데도 물이 샌다면 오래되어 나사산이 닳거나 이음새가 헐거워진 경우다. 이음새에 테프론 테이프를 감고 다시 연결해보자. 테프론 테이프는 점성이 따로 없고 얇은 비닐 같은 느낌인데 아주 작은 틈새까지도 막아준다. 나사산에 테프론 테이프를 감은 뒤 관을 연결하면 물 샐 틈 없이 꼼꼼하게 작업할 수 있다.

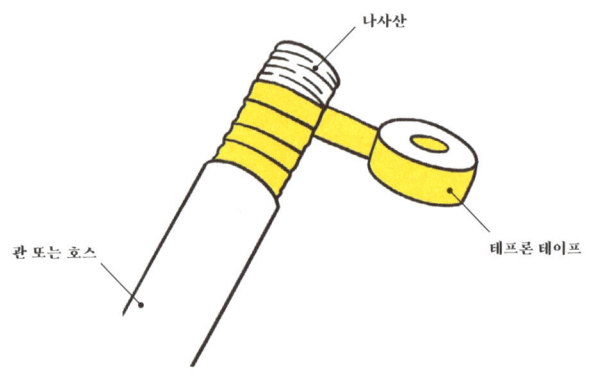

① 나사산에 이물질이 끼지 않았는지 확인한 뒤 테프론 테이프를 잡아당겨가면서 감는다. 반드시 시계 방향으로 감아야 한다. 시계 반대 방향으로 감으면 나사산을 돌려서 끼울 때 테이프가 풀릴 수 있다.
Tip. 나사산의 윤곽이 보일 정도로 잡아당기면 된다.

② 테이프 폭의 반 정도가 겹치도록 엇비슷듯이 감는다. 나사산이 마모된 정도에 따라 다르지만 다섯 겹 이상 감는다는 생각으로 힘껏 잡아당겨 감는 게 좋다. 나사산 전체에 감되, 끝부분만 한두 겹 적게 감으면 더 쉽게 관을 끼워넣을 수 있다.

#3

싱크대 물이
안 빠진다

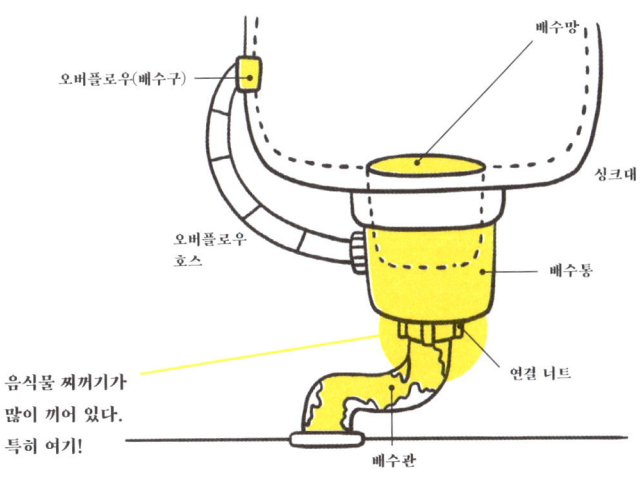

싱크대 배수망을 비웠는데도 물이 빠지지 않는다면 배수통이나 배수관이 막혔을 가능성이 높다. 길을 막고 있는 음식물 찌꺼기를 꺼내야 한다. 싱크대 아래쪽에는 배수망이 들어가는 플라스틱 통(배수통)이 있다. 배수통에는 배수관(망을 통과한 하수가 아래쪽 배수구로 빠져나가는 곳)과 오버플로우(물이 차서 넘치지 않도록 옆에 설치된 보조 배수구)가 연결되어 있다. 싱크대의 종류에 따라 배수통이 두 개이거나 오버플로우가 없는 경우도 있지만, 배수통에서 배수관으로 이어지는 구조는 같다.

준비물 악취를 참아낼 인내심
난이도 ❶❷
특이사항 배수관을 분리해서 청소하기보다 약품 클리너를 사용하기도 하는데, 약품은 인체와 환경에 해로울 수 있고, 약품으로 해결되지 않을 정도로 꽉 막혀 있는 경우도 많다.
작업비용 부르면 60,000원.
혼자 고침 0원

해결책!

배수관을 열어서 청소한다.

---

① 먼저 싱크대 하부장을 열고 물건들을 꺼내서 작업 공간을 마련하자. 배수통에는 물기가 남아 있고 수챗구멍보다 훨씬 더 지저분한 것들이 모여 있을 테니, 비닐을 깔거나 대야를 받쳐서 오물이 쏟아져 내릴 경우에 대비해야 한다.

Tip. 싱크대 밑 공간이 상상 외로 복잡할 수도 있다. 정수기 필터, 식기 세척기, 음식물처리기 등 배수관과 입수관이 얽히고 설켜 감당할 수 없을 것 같다면 전문가에게 맡기는 게 좋다.

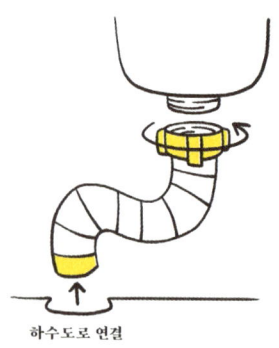

하수도로 연결

② 옆으로 연결된 오버플로우 호스에는 음식물 찌꺼기가 쌓이지 않을 테니, 배수통과 연결된 배수관을 분리하면 된다. 연결 너트를 시계 반대 방향으로 돌린다. 배수관의 다른 쪽 끝은 싱크대 아래 하수 배관과 연결되어 있을 것이다. 관을 당겨서 위로 빼낸다.

Tip. 하수도와 연결된 쪽의 배수관 끝이 보이지 않을 수도 있다. 싱크대 하부장 아래의 다리 부분을 가리고 있는 나무판을 치우자. 가림판 아래 부분을 밀면 쉽게 열린다.

③ 이제 청소를 할 차례. 배수관에서 지독한 냄새가 날 테지만, 가득 차 있는 음식물 찌꺼기나 각종 오물을 빼내자. 그리고 배수관을 욕실에 들고 가 관에 물을 세게 흘려보내서 안쪽을 씻어준다.

④ 깨끗해졌다면 다시 배수관 조립. 배수통과 연결하는 연결 너트를 시계 방향으로 돌려서 배수관을 조립하고, 한쪽 끝은 하수구에 다시 꽂는다. 냄새가 올라오지 않도록 꼭 끼운다.

Tip. 배수관이 막히지 않았는데도 싱크대 물이 빠지지 않는다면 집이나 건물 전체의 배수관에 문제가 생긴 것이다. 막힌 하수구를 뚫어주는 설비 업체를 불러 강력한 석션 기계(빨아들이는 장비)로 해결할 수도 있고, 대대적인 배수관 수리 공사를 해야 할 수도 있다. 전문가와 상담해야 한다.

알아두면 쓸모 있다

싱크대 악취를 깨끗이 없애려면

청소하는 김에 배수통과 오버플로우 호스까지 청소하고 싶다면 말리지 않겠다. 조금 번거롭긴 해도 악취를 확실히 잡을 수 있고 곰팡이도 제거할 수 있다.

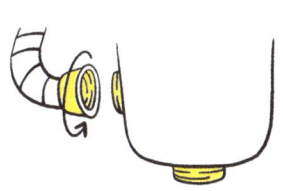

① 먼저 오버플로우 호스의 연결 너트를 반시계 반대 방향으로 돌려서 푼다.

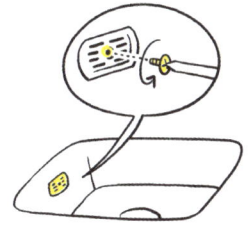

③ 오버플로우는 나사못으로 고정되어 있다. 드라이버로 나사못을 풀면 된다.

④ 오버플로우 호스와 배수통에 낀 때를 청소하고 원상태로 다시 조립한다. 호스 속은 물을 세게 흘려보내거나 철사 끝에 헝겊 조각을 감아 통과시킨다.(세탁소 옷걸이를 이용해도 좋다.) 배수통, 오버플로우 등은 헌 칫솔로 닦는다.

② 배수통을 양손으로 붙잡고 시계 반대 방향으로 돌려서 분리한다.

#4

싱크대 배수관이
너무 낡았다

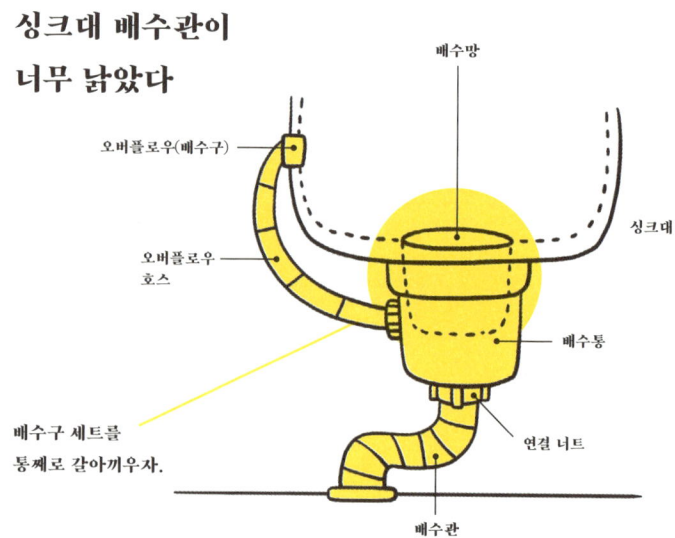

배수구 세트를 통째로 갈아끼우자.

싱크대와 배수통이 연결된 부분에서 조금씩 물이 새기도 하고, 배수관이 낡고 손상되거나, 배수관의 연결 너트가 헐거워졌거나, 연결 너트의 고무패킹이 삭으면 물이 샌다. 물 새는 곳을 알면 그 부분의 고무패킹이나 호스를 교체하는 것도 방법이지만, 고무 패킹이 망가질 정도로 오래되었다면 부품 전체를 교체하기를 권한다.

배수구 세트 제품은 배수망, 배수통, 오버플로우 호스, 배수관으로 구성되어 있다. 새 제품을 살 땐 우리 집 배수구 크기, 오버플로우의 유무, 오버플로우가 있다면 개수와 모양과 호스 길이, 그리고 배수관 길이 등을 확인한 후 그에 맞는 제품을 세트로 구입한다.

준비물 교체용 배수통·배수관 세트
난이도 ❶❷
특이사항 인터넷에 '싱크대 배수구 교체'라고 검색하면 다양한 배수구 세트가 나온다.
작업비용 부르면 70,000원. 혼자 고침 13,000원

해결책!

배수통과 배수관이 연결된 부품 전체를 교체한다.

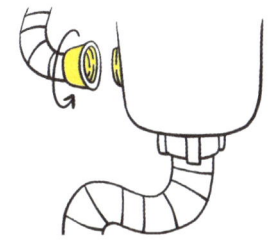

Step 1.
오버플로우 분리

① 싱크대 하부장을 열고 물건을 치워 작업 공간을 확보한다. 작업이 매우 힘들 테니 단단히 각오하자. 오물은 상상을 초월한 모습으로 악취를 풍길 것이다.

③ 오버플로우 호스의 다른 쪽 끝은 배수통과 연결되어 있다. 연결 너트를 손으로 꼭 잡고 시계 반대 방향으로 돌려서 푼다.

Step 2.
배수관 분리

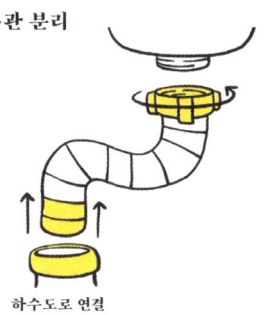

하수도로 연결

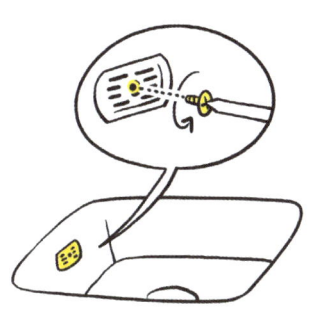

② 싱크대 측면에는 물이 가득 차지 않도록 해주는 넘침 방지 배수구가 하나 더 있다. 오버플로우라고 부르는 이 장치를 먼저 분리한다. 드라이버로 나사못을 풀면 뚜껑과 호스가 분리된다.
Tip. 분리된 호스는 아래로 내려두고 결합 부위에 낀 찌든 때를 벗겨낸다. 수세미나 헌 칫솔을 사용하면 좋다.

④ 배수통과 배수관을 연결하고 있는 연결 너트를 손으로 잡고 시계 반대 방향으로 돌린다. 물이나 오물이 쏟아질 수 있으니 바닥에 비닐이나 대야를 받치고 작업한다.

⑤ 배수관의 다른 쪽 끝은 싱크대 아래쪽 하수 배관과 연결되어 있다. 호스는 위로 당기면 빠진다.
Tip. 작업하는 동안 하수구에서 악취가 올라온다면 비닐봉지로 막아놓는다.

Step 3.
배수통 분리

⑥ 이제 싱크대 아래에는 배수통만 달려 있다. 배수통을 양손으로 꽉 잡고 시계 반대 방향으로 돌리면 분리된다.

⑦ 싱크대 아래쪽에서 배수통을 떼고, 위에서도 배수망과 부속품들을 모두 꺼낸다. 새 제품을 끼우기 전에 배수통이 끼워져 있던 싱크대 부분에 낀 때를 깨끗이 청소한다.

Step 4.
새 제품 조립

⑧ 싱크대 위에서 부속품을 먼저 끼운다. 그런 다음 아래에서 배수통을 끼우고 시계 방향으로 돌려 고정한다.

⑨ 배수통 옆으로 오버플로우 호스를 연결한다. 싱크대 안쪽에서 드라이버로 나사못을 돌려 오버플로우 장치를 고정한다.

⑩ 새 배수관을 배수통과 하수구에 각각 연결한다.

⑪ 연결이 모두 끝난 뒤에는 물기를 완전히 닦아낸 다음 수도를 틀어서 물이 새는 부위가 없는지 꼭 확인한다.

#5

싱크대 주변 실리콘이 더러워졌다

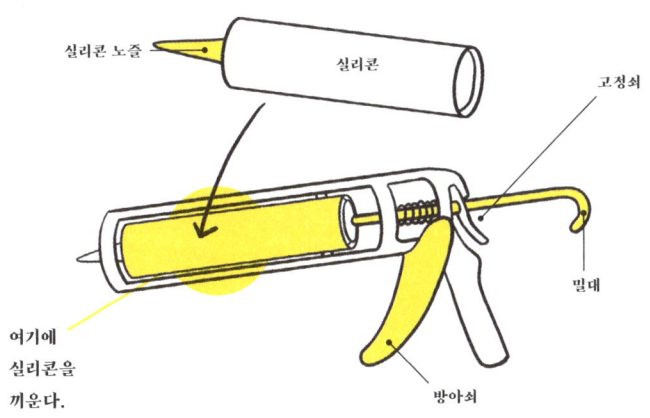

싱크대와 벽 사이, 싱크대와 다른 가구 사이에는 물이 들어가지 않도록 실리콘이 시공되어 있다. 실리콘은 욕실 세면대와 벽의 작은 틈을 막거나 흔들거리는 변기를 고정하는 등 쓰임새가 다양하다. 사용법이 그렇게 어렵지 않고 크게 위험할 일도 없으니 발라놓은 기존의 실리콘이 더러워졌다면 한번 도전해보자.

준비물 실리콘, 실리콘 총, 실리콘 노즐, 실리콘 헤라, 칼
난이도 ❶
특이사항 물이나 습기가 닿는 부위에는 바이오 실리콘을 사용해야 한다. 곰팡이가 잘 생기지 않는 특수 실리콘이다.

페인트칠 전에 메꿈 작업을 할 때는 수성 실리콘(아크릴 실리콘이라고도 한다)을 쓴다. 색깔도 다양하니 목적에 맞게 선택한다.
작업비용 부르면 70,000원, 혼자 고침 6,000원

해결책!

오래된 실리콘을 떼어내고
새로 쏜다.

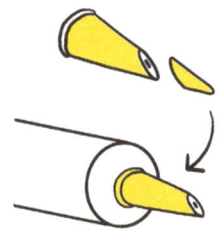

Step 1.
오래된 실리콘 제거

① 곰팡이가 피었거나 변색된 실리콘을 칼로 제거한다.
Tip. 조각칼처럼 생긴 실리콘 제거기를 사용하면 더욱 쉽게 제거할 수 있다.

③ 실리콘 노즐(실리콘 입구에 끼우는 삼각뿔 모양의 꼭지)도 앞부분을 비스듬하게 자른 뒤 실리콘 입구에 끼운다.

Step 2.
실리콘 총에 실리콘 장착

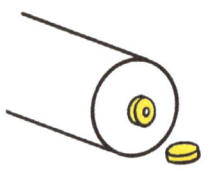

② 실리콘 입구를 자른다.

④ 실리콘 총의 고정쇠를 누른 상태에서 밀대를 뒤로 당긴 뒤, 실리콘 총 중간에 생긴 공간에 실리콘을 머리 쪽부터 끼운다.

⑤ 방아쇠를 몇 번 당기면 밀대가 앞으로 움직이며 단단하게 실리콘이 고정된다.

Step 3.
실리콘 시공

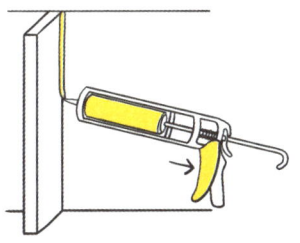 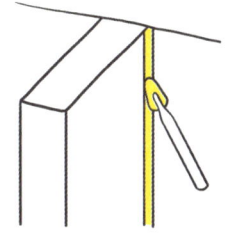

⑥ 쏘고자 하는 부분에 대고 실리콘이 밀려 나오도록 방아쇠를 당긴다. 선을 따라 천천히 움직이면서 실리콘을 쏜다. 실리콘 총의 각도를 일정하게 유지해야 실리콘 액이 일정하고 깔끔한 모양을 이룬다.

⑦ 실리콘이 굳기 전에 실리콘 헤라(주걱처럼 생긴 도구)로 평평하게 밀어 깔끔하게 마무리한다. 실리콘이 완전히 굳기 전에는 손을 대거나 사용하지 않도록 한다.

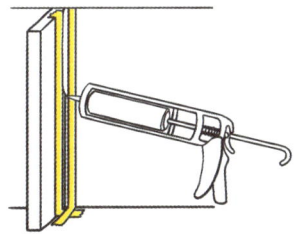

Tip. 깔끔하게 바르고 싶은데 자신이 없다면 실리콘을 쏠 부분만 빼고 마스킹 테이프를 붙여서 원치 않는 부분에는 묻지 않도록 하자.

"내 마음도 개운~."

#6

세면대 마개가 눌려서
안 올라온다

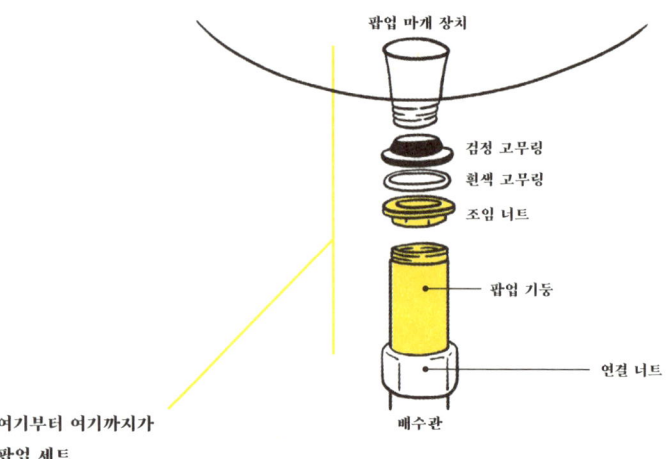

여기부터 여기까지가
팝업 세트

세면대에서 물이 내려가는 모습을 보자. 가운데 은색 버튼을 똑 하고 누르면 구멍을 막아 물이 고이고, 한 번 더 누르면 살짝 위로 올라와 물길이 열린다(누르면 톡 올라온다고 하여 이 장치를 '팝업**pop-up**'이라고 부른다). 눌렀는데도 안 올라오면 팝업 장치가 고장이 난 것. 어렵지 않으니 새 제품으로 갈아 끼우자.

팝업은 마개 장치와 팝업 기둥, 관에 끼우는 두꺼운 검정 고무링, 얇은 흰색 고무링, 조임 너트로 구성된다.

준비물 새 자동 팝업 세트, 장갑, 몽키스패너(또는 첼라)
난이도 ❶❷
특이사항 팝업 장치에 끼우는 부속품이 세 개나 된다. 끼우는 순서와 방향을 잘 기억하자.
작업비용 부르면 50,000원, 혼자 고침 7,000원

해결책!

팝업을 통째로 바꾼다.

Step 2.
낡은 팝업 떼어내기

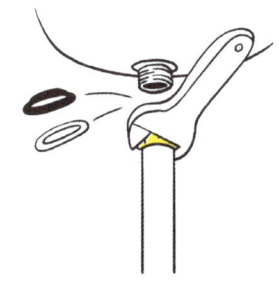

Step 1.
배수관 분리하기

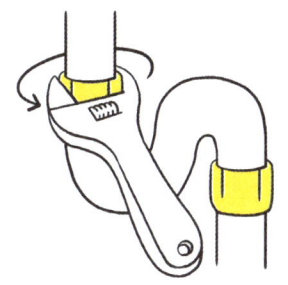

② 몽키스패너로 세면대 바로 아래 조임 너트를 풀고, 흰색 고무링과 검정 고무링을 아래로 빼낸다.

③ 세면대 밑에서 팝업 기둥을 톡톡 치면서 세면대 위쪽에서 팝업 마개 장치를 들어올려 꺼낸다. 새 제품을 끼워넣기 전에 구멍을 잘 닦자.

① 팝업 기둥과 배수관을 이어주는 연결 너트를 풀어 둘을 분리한다. 손으로 풀리기도 하지만 잘 안 되면 공구를 이용하자. 너트를 꽉 물도록 몽키스패너의 입 크기를 조절한 뒤, 시계 반대 방향으로 돌려서 푼다.
Tip. 끝까지 공구를 이용할 필요는 없다. 어느 정도 너트가 움직이기 시작하면 손으로 돌려서 풀고 아래 배수관을 당겨 내린다. 연결 너트와 고무링을 잘 챙겨둔다.
Tip. 공간이 좁아 몽키스패너가 한 번에 많이 돌아가지 않을 때는 조금 돌린 뒤 몽키스패너를 빼서 다시 물려서 돌리는 식으로 반복하면 된다.

Step 3.
새 팝업 끼우기

④ 새 팝업 마개 장치를 세면대 위에서 아래로 꽂는다.
Tip. 새 팝업 제품을 샀는데 검정 고무링, 흰색 고무링, 조임 너트가 끼워진 상태라면 모두 빼놓고 팝업 마개 장치만 꽂는다.

⑧ 연결을 마친 후에는 주변의 물기를 제거한 다음 수도를 틀어 물이 새지 않는지 확인한다. 만약 물이 샌다면 다시 적당한 힘을 가해 너트를 조이고, 다시 물을 틀어 확인한다.

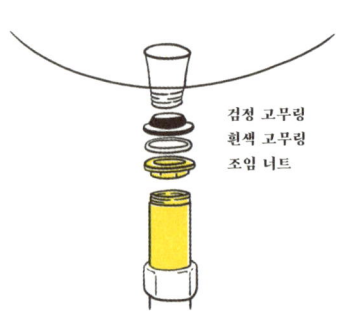

검정 고무링
흰색 고무링
조임 너트

⑤ 세면대 아래쪽에서 나사산 부분에 검정 고무링, 흰색 고무링을 순서대로 끼워 세면대에 닿을 때까지 바짝 위로 올린다.
Tip. 검정 고무링은 원래 끼워져 있던 모양대로 지름이 좁은 쪽이 위로 가게 한다.

⑥ 조임 너트를 끼운 다음 시계 방향으로 돌려서 팝업 마개 장치와 팝업 기둥을 연결한다. 더 이상 돌아가지 않을 때까지 손으로 먼저 돌린 뒤 마지막에 몽키스패너로 꽉 조인다.

Step 4.
배수관 연결하기

⑦ 배수관을 분리할 때 챙겨둔 연결 너트를 팝업 기둥에 끼운다. 연결 너트 안쪽으로 고무링을 끼운다. 만약 고무링이 없다면 물이 새지 않도록 테프론 테이프를 나사산에 감아주자(테프론 테이프 감는 법 110쪽 참조).
Tip. 세면대나 배수관 등의 너트는 적당한 힘으로 조여야 한다. 너무 세게 조이면 고무링이 찌그러져 물이 샐 수 있다.

#7

이런, 세면대 물이 안 빠진다

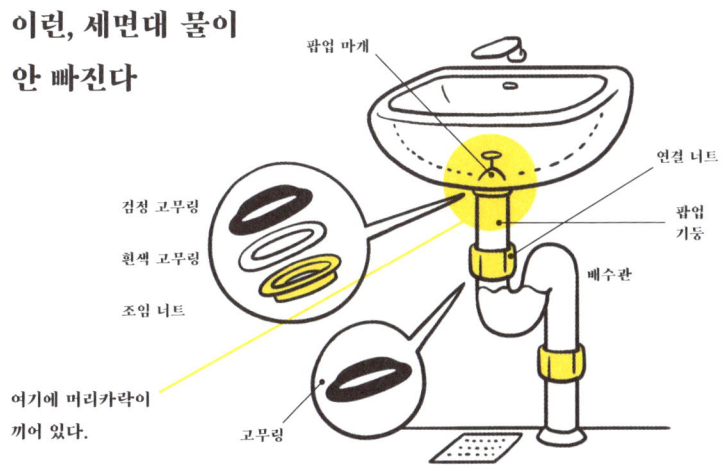

물은 세면대 구멍(배수구) 아래에 연결된 관(배수관)을 통해 하수구로 내려간다. 배수구 마개(팝업 마개)를 열어놓아도 물이 차오른다면 그 길 어딘가가 이물질로 막혀 있다는 뜻.

이럴 때 흔히 하는 조치가 배수구에 기다란 플라스틱을 찔러 넣어 머리카락을 건져올리거나 배수관 전용 액상 세정제를 부어 오물을 녹이는 것이다. 하지만 이런 방법은 막힘 정도가 심하지 않을 때에만 유효하다는 게 함정. 더구나 약품류는 하루저녁 이상 기다려야 하고 냄새도 심하다. 피부에 닿으면 따끔거리는 게 찜찜한 기분도 든다.

배수관 청소는 간단하면서도 명확하게, 길을 막고 있는 오염물을 제거해 물길을 여는 방법이다. 연결 너트를 풀어서 이물질을 씻어내고 다시 조립해보자.

준비물 장갑, 몽키스패너(또는 첼라)
난이도 ❶❷❸
특이사항 머리카락과 각종 흐물거리는 것들이 연출하는 처참한 광경을 보게 될 가능성이 높으니 마음의 준비를 할 것.
작업비용 부르면 50,000원, 혼자 고침 0원

해결책!

팝업 기둥과 배수관을 분리하고 청소한다.

Step 1.
배수관 분리하기

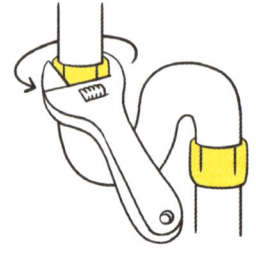

① 팝업 기둥과 배수관을 위아래로 연결하고 있는 연결 너트 두 개를 풀어서 분리한다. 손으로 풀리기도 하지만 잘 안 되면 공구를 이용하자. 너트를 꽉 물도록 몽키스패너의 입 크기를 조절한 뒤, 돌려서 푼다. 시계 반대 방향으로 돌린다.

Tip. 끝까지 공구를 이용할 필요는 없다. 어느 정도 너트가 움직이기 시작하면 손으로 돌려서 풀고 아래 배수관을 당겨 내린다. 너트 안쪽에 있는 고무링을 잘 챙겨 둔다.

Step 2.
팝업 분리하기

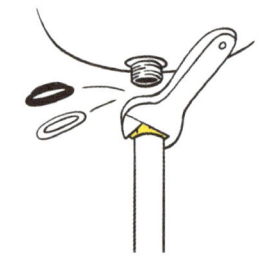

② 몽키스패너로 세면대 바로 아래 붙은 조임 너트를 푼다. 헐거워지면 손으로 돌려서 밑으로 꺼낸다. 흰색 고무링과 검정 고무 패킹도 밑으로 꺼낸다.

Step 3.
이물질 청소하기

③ 이제 세면대 위쪽에서 팝업 마개 장치를 뽑아 올린다.

④ 세면대 구멍에 낀 때를 싹싹 닦는다.

⑤ 팝업 마개는 시계 반대 방향으로 돌리면 분리된다. 사이에 낀 머리카락도 꺼내고 미끌미끌한 오물도 닦는다. 헌 칫솔을 사용하면 좋다.

⑥ 배수관 안쪽을 청소한다. 먼저 물로 흘려보내고, 물에 적신 휴지나 천 조각을 넣고 긴 철사를 이용해 관 안쪽에 붙은 이물질을 닦아내자.

⑩ 팝업 기둥과 배수관을 연결할 차례. 배수관 아래쪽을 바닥에 연결된 또 다른 배수관에 꽂고, 위쪽은 팝업 기둥에 꽂는다. 위아래의 연결 너트를 시계 방향으로 각각 조인다. 손으로 먼저 조이고, 몽키스패너로 더 이상 돌아가지 않을 때까지 돌려서 마무리한다.

Step 4.
다시 조립하기

⑦ 분해한 역순으로 조립하기 시작한다. 위쪽 팝업 마개 장치를 세면대 구멍 위에서 아래로 꽂는다.

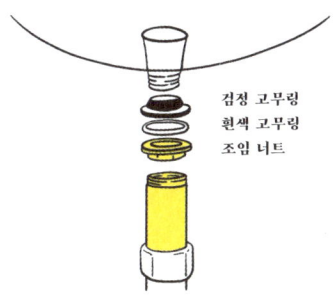

검정 고무링
흰색 고무링
조임 너트

⑧ 세면대 아래쪽에서 검정 고무링, 흰색 고무링, 조임 너트 순으로 넣는다.
Tip. 검정 고무링은 원래 끼워져 있던 모양대로 지름이 좁은 쪽이 위로 가게 한다.

⑨ 조임 너트를 시계 방향으로 돌리면서 팝업 마개 장치와 팝업 기둥을 연결한다. 더 이상 돌아가지 않을 때까지 손으로 돌린 뒤 몽키스패너로 꽉 조인다.

"처참한 광경을
보게 될 가능성이
높으니 각오할 것!"

알아두면 쓸모 있다

세면대 다리 분리하기

우리 집 세면대 모양이 책과 다르다고 당황하지 말자. 모양이야 어떻든 원리는 물을 하수구로 보내는 거다. 세면대 배수구와 연결된 너트를 풀어서 배수관 일부를 분리하는 과정은 똑같다. 다만, 그전에 배수관을 가리고 있는 세면대 다리를 분리하는 과정이 필요하다.

---

1. 긴다리형

세면대를 받치고 있는 다리가 세면대부터 바닥까지 길게 닿아 있는 경우다.

① 먼저 세면대와 다리를 연결하는 실리콘을 칼로 벗겨 떼야 한다.

Tip. 다리가 바닥에 백색 시멘트로 고정되어 있을 때는 일자 드라이버를 대고 망치로 살살 두드려 깨서 제거한다.

② 세면대 다리를 앞으로 당기면 배수관이 모습을 드러낸다. 다리는 도기여서 상당히 무겁다. 힘껏 당기자. 당겨도 꿈쩍하지 않으면 2인 1조로 한 명은 세면대를 위로 살짝 들어올리고 다른 한 명이 다리를 당긴다.

Tip. 작업 후에는 다시 실리콘으로 고정하면 좋지만 꼭 그럴 필요는 없다. 세면대를 받치며 지탱하도록 잘 맞춰 넣기만 해도 된다. 가끔 배수관을 청소하거나 부품을 교체할 일이 생길지도 모르니까.

2. 반다리형

세면대 다리가 바닥에 닿지 않고 벽에 붙어서 반만 덮고 있는 경우다.

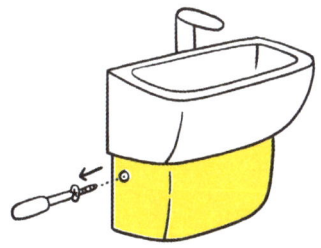

다리 좌우 측면에 너트와 나사로 세면대와 다리가 연결되어 있을 것이다. 드라이버로 나사를 풀어 분리한다. 단, 다리가 갑자기 떨어질 수 있으니 한 손으로 다리를 받치고 연결 나사를 풀도록 한다. 함께 다리를 잡아줄 사람이 있는 것이 가장 좋다.

"겁내지 말자."

#8

세면대 수압이
너무 낮다

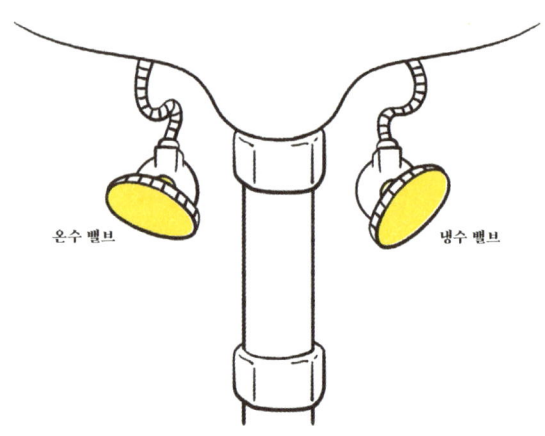

온수 밸브   냉수 밸브

**숨어 있는
밸브를 찾아라.**

물이 너무 세게 나오거나 물이 나오는 둥 마는 둥 할 경우에는 수압을 조절해보자. 정말로 간단하다. 다만, 세면대 아랫부분이 도기로 가려져 있다면 여는 데 조금 힘이 들어서(세면대 다리 분리하기 126쪽 참조) 난이도가 2단계로 상승한다.

준비물 없음   **작업비용** 0원
난이도 ❶
특이사항 물을 틀어놓은 상태에서
조절하면 쉽게 수압을 체크할 수 있다.

해결책!

**수압 조절 밸브를
돌린다.**

① 세면대 아래쪽을 잘 보면 벽에서 나오는 수도관 두 개가 보일 것이다. 거기에 각각 달린 밸브가 세면대 위쪽 수도꼭지와 연결되어 있다. 이것의 이름은 앵글 밸브. 일반적으로 오른쪽이 냉수 밸브, 왼쪽이 온수 밸브다.
Tip. 앵글 밸브가 도기에 가려진 경우. 손을 넣을 수 있다면 문제가 없다. 하지만 전체적으로 아랫부분이 다 덮여 있다면 연결 부위를 찾아 세면대 다리를 분리해야 한다.

② 시계 방향으로 조이면 물길이 좁아져서 수량이 줄고, 시계 반대 방향으로 돌리면 수량이 는다.

"물아, 나와라…."

싱크대 · 화장실 안 부르고 혼자 고침

알아두면 쓸모 있다

샤워기, 싱크대 수압 조절

샤워기나 싱크대의 수압 조절도 간단하다. 수도꼭지 근처 물이 들어오는 길목에 일자 홈이 파인 부분을 일자 드라이버나 동전으로 조금씩 돌려서 열거나 닫아보자. 시계 방향으로 돌리면 수량이 줄고, 시계 반대 방향으로 돌리면 수량이 는다. 우리 집 싱크대 수도꼭지 모양이 아래 그림과 다르다면, 싱크대 하부장에 조절 밸브가 있는지 살펴보자.

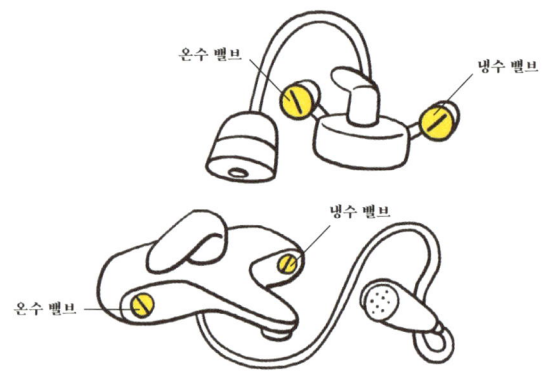

조절 밸브를 조심해서 조금씩 돌려야 한다. 나사산이 생각보다 길지 않다. 한 번에 휙휙 돌리면 뚜껑이 아예 분리되어 물이 뿜어져 나온다. 물이 콸콸 쏟아진다고 수도꼭지를 잠가봤자 소용이 없다. 당장 날아간 뚜껑을 찾아 원래대로 끼워야 한다. 잘 안 되면 집 밖 수도 계량기로 달려가 집으로 들어오는 수도 전체를 아예 잠가라(수도 계량기 사용법 149쪽 참조).

#9

샤워기에서 물이 샌다

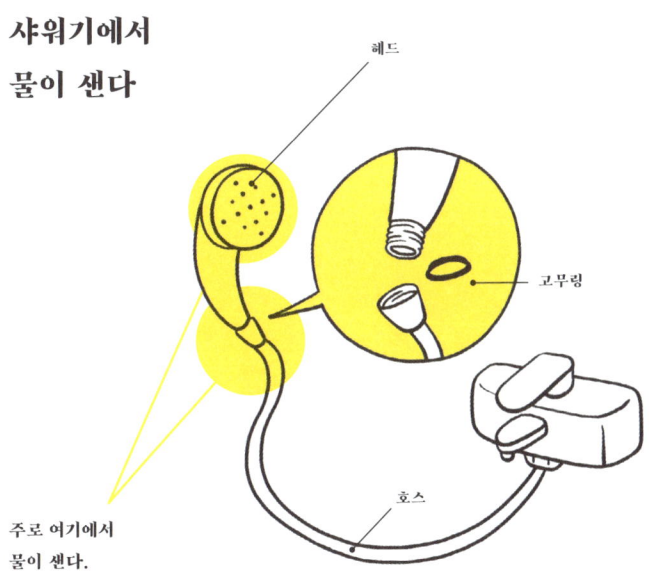

헤드

고무링

호스

주로 여기에서 물이 샌다.

샤워기가 깨져서 물이 새고 흐를 때, 어딘가 막혔는지 물이 시원하게 나오지 않을 때, 물 나오는 방식이나 수압이 마음에 들지 않아 다른 제품을 써보고 싶을 때는 샤워기 헤드만 교체할 수 있다. 절수형이나 미세하게 수압을 조절할 수 있는 제품도 있으니 취향에 맞게 선택하면 된다. 작업을 시작하기 전에 우리 집 샤워기가 호스와 헤드로 분리되는 제품인지 확인할 것. 분리되지 않는 일체형 제품이라면, 안타깝지만 헤드와 호스를 모두 바꿔야 한다.

준비물 새 샤워기 헤드, (첼라 또는 몽키스패너)
난이도 ❶
특이사항 생수병 뚜껑 따는 일만큼이나 아주 쉬운 작업이다.

작업비용 부르면 40,000원, 혼자 고침 13,000원

해결책!

헤드를 떼어내고
새것으로 바꾼다.

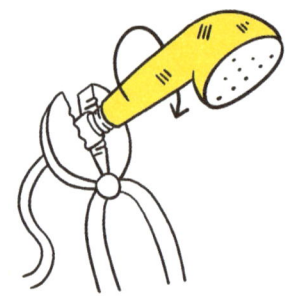

① 샤워기 헤드를 잡고 시계 방향으로 돌리면 빠진다. 시계 반대 방향으로 돌리면 빠지는 제품도 있다.
Tip. 너무 꽉 조여 있어서 풀리지 않을 때는 첼라 또는 몽키스패너를 이용해 연결 부위를 꽉 잡고 헤드를 손으로 돌려보자. 공구 자국이 남지 않게 하려면 헝겊으로 감싼 뒤에 첼라로 잡는다.

② 다시 그 자리에 새것을 돌려서 연결하면 끝.
Tip. 고무링이 있는 제품이라면 헤드에 고무링을 먼저 끼운 뒤, 호스와 연결한다. 물이 새지 않으려면 고무링이 적당한 위치에 있고 적당한 힘으로 눌려야 한다. 과도하게 몽키스패너나 첼라를 돌리면 부품이 깨지거나 고무링이 찢어져 오히려 물이 샐 수도 있다.

#10

샤워기 호스에서 물이 샌다

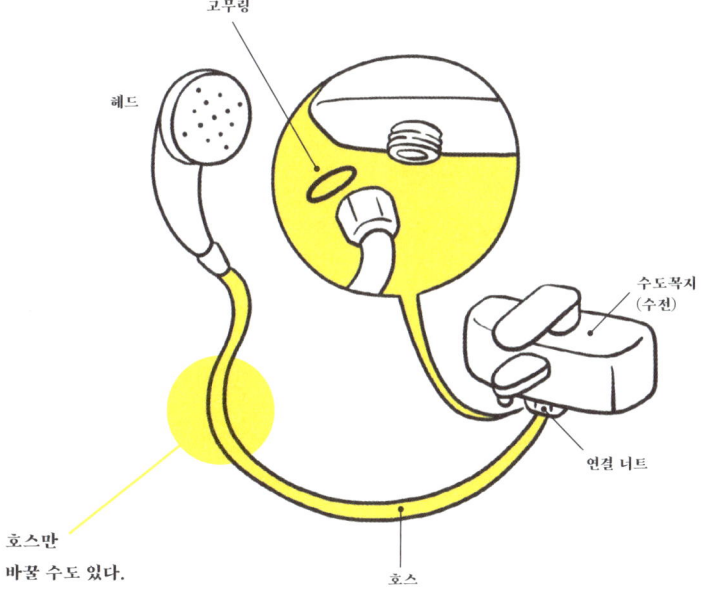

호스 중간이 터져서 물이 새거나, 겉면의 스테인리스 호스가 끊어져 속에 있던 고무 호스가 밖으로 드러날 때, 호스만 따로 교체할 수 있다. 또, 쓰던 호스가 너무 짧아서 불편하다면 긴 걸로 교체하거나 연장용 호스로 길이를 늘일 수 있다.

준비물 새 샤워기 호스, 첼라, 몽키스패너
난이도 ❶
특이사항 호스와 헤드를 세트로 살 필요 없이 호스만 따로 구입할 수 있다.

작업비용 부르면 40,000원,
혼자 고침 6,000원

해결책!

호스를
새것으로 교체한다.

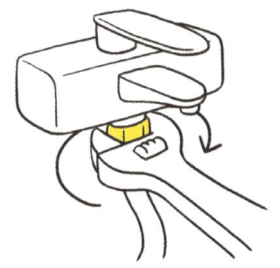

② 새 호스를 바로 그 자리에 연결한다. 새 호스의 끝부분이 방금 풀어본 육각 너트 모양일 것이다. 너트 안에 고무링을 넣고 빠지지 않도록 신경 쓰면서 수전에 맞춰 끼운다. 손으로 시계 반대 방향으로 돌려 고정시키고 몽키스패너를 이용해 꽉 조인다.

① 몽키스패너로 수전 앞이나 뒤의 연결 너트를 푼다. 몽키스패너의 입을 벌려 너트의 크기에 맞춘 뒤, 너트를 시계 방향으로 돌린다. 너트가 어느 정도 풀리면 손으로 돌려서 분리하고 수전에서 호스를 떼어낸다.
Tip. 연결 너트의 위치는 샤워기에 따라 다를 수 있다. 수전과 호스가 연결된 부분의 너트를 풀면 된다.

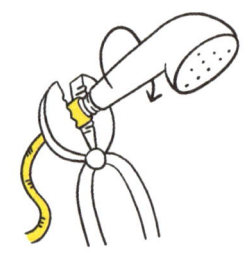

③ ①에서 떼어낸 호스에서 헤드를 분리한다. 연결 부위와 헤드를 양손으로 하나씩 잡고 돌리면 쉽게 풀어진다. 너무 꽉 조여 풀리지 않을 땐 첼라로 연결 부위를 잡은 뒤 헤드를 손으로 돌려보자.

④ 새 호스의 끝에 헤드를 연결한다. 손으로 돌려서 끼우면 된다.

#11

화장실 배수구 물이 안 빠진다

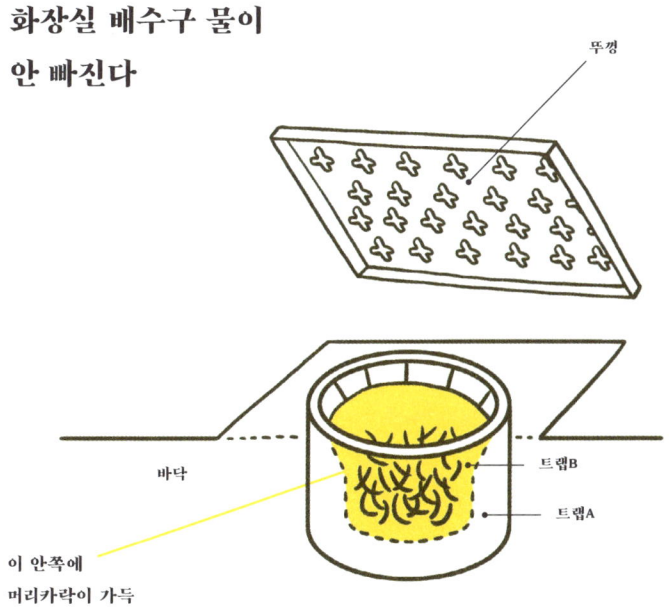

화장실 배수구는 종류에 따라 조금씩 다르지만 대체로 이물질을 일차로 막아주는 스테인리스 뚜껑과 냄새가 올라오지 않도록 하는 플라스틱 트랩(트랩B), 받침을 이루는 트랩(트랩A)이 세트를 이루고 있다. 이것을 '트랩 세트'라고도 하고, 현장에서는 '유가 세트'라고도 부른다.

배수구에서 물이 잘 안 빠진다면 뚜껑 아래로 빨려 들어간 머리카락이나 오물이 엉켜 있다는 뜻이다. 뚜껑을 열고 트랩을 꺼내 청소하자.

준비물 일자 드라이버(또는 칼, 송곳처럼 뚜껑을 열 수 있는 날카로운 물건)
난이도 ❶
특이사항 청소를 해도 배수구가 막혀 있다면 고무로 된 '뚫어뻥'으로 이물질을 밀어내보자. 그래도 해결되지 않으면 전문가의 도움을 받아야 한다.
작업비용 부르면 60,000원, 혼자 고침 0원

해결책!

**뚜껑을 열고
트랩을 꺼내 청소한다.**

---

① 먼저 배수구를 덮는 스테인리스 뚜껑을 연다. 손으로 들어올리기만 해도 열리는 것도 있고, 턱으로 고정되어 일자 드라이버나 뾰족한 물건을 이용해야만 열 수 있는 것도 있다. 어떻게 생겼든 어떻게 해서든 모든 뚜껑은 열리게 되어 있다.

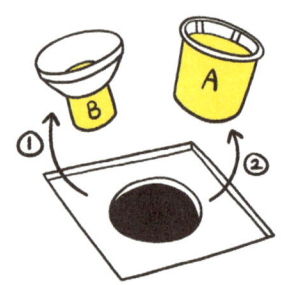

② 냄새를 막아주는 플라스틱 트랩B를 살살 돌려서 꺼낸다. 여는 방향 화살표 표시가 보이면 그쪽으로, 오물 때문에 화살표가 보이지 않거나 특별한 표시가 없을 때는 이쪽저쪽으로 살살 돌리면 꺼낼 수 있다. 트랩B를 받치고 있는 트랩A도 돌려서 꺼낸다. 배수구의 유형에 따라 트랩의 생김새는 조금씩 다르겠지만 그 안에 머리카락이 잔뜩 있다는 사실은 같을 것이다.

Tip. 오래된 집의 경우 트랩이 따로 설치되어 있지 않을 수도 있다. 악취 방지를 위해 트랩 세트를 사서 끼우는 것도 좋다.

③ 이물질은 꺼내서 버리고 끈적한 오물은 싹싹 씻어내자.

④ 원래대로 트랩을 조립하고 스테인리스 뚜껑을 닫는다. 물이 쑥쑥 잘 빠진다.

#12

변기가 막혔다

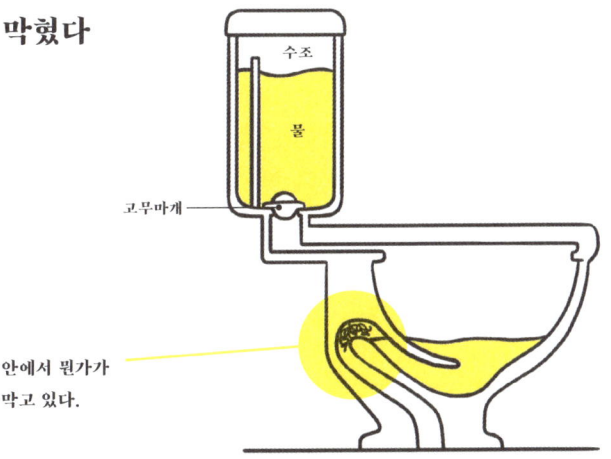

양변기는 수조와 변기로 구성된다. 수조에는 항상 일정량의 물이 담겨 있다. 물 내림 버튼(변기 레버)을 누르면 위쪽 수조의 마개가 열려 물이 변기로 흐르고, 변기 안에 고여 있던 물과 함께 용변이 내려간다. 관은 S자 모양으로 휘어져 있는데 꺾이는 부분이 막히기 쉽다. 화장실 전용 휴지를 사용하지 않거나 휴지를 뭉쳐 넣어서 풀어지지 않는 경우다. 용변이 너무 굵거나 딱딱해서 막히기도 한다.

간단하게는 뜨거운 물만 부어도 막고 있던 물질이 풀리기도 하는데, 그렇지 않을 때에는 '뻥' 하고 강한 압력을 짧은 시간에 가해서 막힌 부분의 물질을 밀어내거나 끌어올려야 한다.

준비물 고무 압축기(뚫어뻥)
난이도 ❶
특이사항 화장실 휴지 대부분은 물에 쉽게 풀리도록 만들어진다. 하지만 화장용 티슈, 물티슈를 변기에 버리면 바로 막히고, 화장실 전용 휴지여도 수압이나 배수관 상태에 따라 막히기도 한다.
작업비용 부르면 80,000원,
혼자 고침 5,000원

해결책!

압축기로
뚫는다.

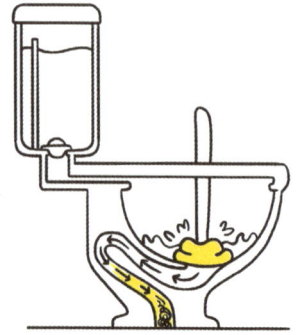

① 일명 '뚫어뻥'이라고 부르는 고무 압축기를 사용한다. 공기가 새어나가지 않게 뚫어뻥을 변기 구멍에 딱 맞춘다.

② 뚫어뻥을 누를 때는 공기가 다 빠져나가도록 힘껏 누르고, 잡아당길 때도 힘껏 당긴다. 원인 물질을 끄집어내는 것이 가장 좋지만 밀어내기라도 하면 된다.
Tip. 뚫어뻥이 없을 경우 급한 대로 2리터짜리 플라스틱 생수병을 쓸 수도 있다. 생수병의 목 부분을 잘라내고 ②와 같은 방법으로 눌렀다가 잡아당기면 된다.

③ 물 내림 버튼을 내려서 물이 잘 내려가는지 확인한다.

알아두면 쓸모 있다

뚫어뻥으로도 안 뚫린다면

'관통기'라는 한층 강력한 도구에 도전해볼 수 있다. 관통기는 끝에 달린 스프링이 변기 속을 따라 휘어져 들어가서 통로를 막고 있는 물질을 꺼내는 기다란 도구다. 단, 부드러운 휴지 등이 아니라 칫솔, 치약 같은 단단한 물건이 걸렸을 때 초보자가 관통기를 잘못 사용하면 물건이 더 깊숙하게 들어가버려서 일이 커질 수 있으니 주의가 필요하다.

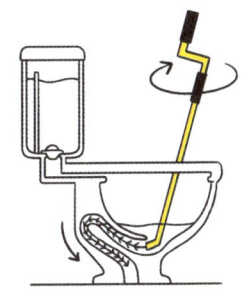

① 관통기의 손잡이A를 잡고 손잡이B를 당겨 반대쪽에 달려 있는 스프링이 플라스틱관의 끝에 오게 한다.

② 그 상태에서 스프링 쪽을 변기 안으로 집어넣는다.

③ 손잡이A를 잡고 손잡이B를 시계 방향으로 돌리면 스프링이 관을 따라 안으로 깊숙이 들어가다가 막힌 부분에서 멈출 것이다.

④ 그때 스프링에 걸린 이물질이 빠지지 않도록 시계 반대 방향으로 손잡이를 돌리며 살살 꺼낸다.

Tip. 관통기로도 해결하지 못할 경우에는 설비 업체에 의뢰해야 한다.

싱크대 · 화장실 안 부르고 혼자 고침

#13

변기에서 물소리가 계속 난다

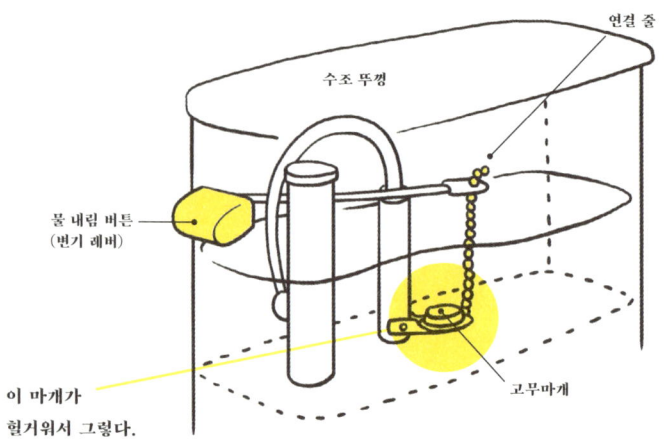

양변기 위쪽 수조에는 항상 물이 차 있다. 제품에 따라 구조는 조금씩 다르지만 물 내림이 끝나면 수조에 물이 공급되다가 일정한 높이에서 멈추는 방식은 모두 똑같다. 물소리가 계속 나는 이유는 고무마개가 잘 닫히지 않아서 계속 물이 공급되기 때문이다. 밑 빠진 독에 물 붓기와 같다. 고무마개를 들어올리는 줄의 길이가 맞지 않거나 끊어진 경우도 있지만, 고무마개가 오래되어 틈이 생기거나 변형되는 경우가 가장 흔하다. 고무마개 교체는 간단하니 직접 해볼 만하다.

준비물 새 고무마개
난이도 ❶❷
특이사항 수조 안에 있는 물은 깨끗하다. 안심하고 만져도 된다.

작업비용 부르면 40,000원.
혼자 고침 1,000원

해결책!

**헌 고무마개를 떼고
새것으로 바꾼다.**

④ 헌 마개가 있던 자리에 새 고무마개를 놓고, 날개처럼 생긴 고리의 구멍을 화살표 부분에 끼운다.

Tip. 고무마개의 위아래 방향이 맞는지 확인하여 넣을 것.

① 변기 뒤쪽에 있는 급수 밸브(앵글 밸브)를 시계 방향으로 돌려 잠근다.

② 수조의 뚜껑을 열고 물 내림 버튼을 눌러서 변기 물을 내린다. ①에서 급수 밸브를 잠가서 물이 공급되지 않으니 수조는 비게 된다.

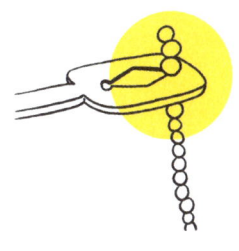

⑤ 고무마개에 달린 줄은 마개가 닫힐 정도로 길이를 맞춘 뒤 물 내림 버튼 장치에 건다.

⑥ ①에서 잠갔던 급수 밸브를 열고 수조에 물을 채운다.

⑦ 물을 내려서 더 이상 물소리가 나지 않는지, 제대로 작동하는지 확인한다.

Tip. 급수관이 망가져 물이 차오르지 않거나 고무마개 교체 후에도 물이 계속 새서 다른 부품까지 갈아야 하는 경우도 있다. 이때는 수조의 구조에 따라 부품을 모두 갈거나 수조 자체를 분리하고 부품을 교체해야 한다. 도전해볼 수도 있겠지만 난이도는 5단계 정도로 매우 높다.

③ 물 내림 버튼에 연결된 줄을 분리하고 고무마개도 빼낸다.

#14

화장실 환풍기가 안 돈다

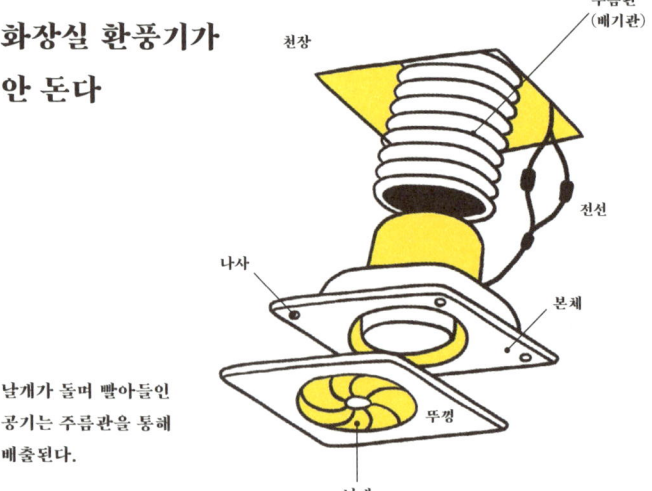

날개가 돌며 빨아들인 공기는 주름관을 통해 배출된다.

화장실 환풍기가 돌아가는 게 심상치 않다. 자갈 굴러가는 소리가 나기도 하고 돌다가 안 돌다가 하면서 영 힘을 못 쓴다면, 날개를 돌리는 모터가 고장 났거나 전선 연결에 문제가 생겼을 수 있다. 모터가 고장 났다면 새 환풍기로 교체하자. 공정이 좀 긴 편이지만 차근차근 따라 하면 그다지 어렵지 않다.

환풍기 크기는 조금씩 다를 수 있으니 안전하게 지금 달려 있는 제품과 똑같은 걸 사거나 기존 제품의 치수를 잰 뒤에 같은 규격을 고른다. 인터넷 쇼핑몰에서 고르기가 복잡하다면 동네 철물점에 쓰던 환풍기를 들고 가자.

준비물 드라이버(전동 드릴), 니퍼(펜치, 롱노즈 플라이어), 절연 테이프(케이블 타이)
난이도 ❶❷❸
특이사항 환풍기를 뜯었는데, 위의 그림과 모양이 다를 수도 있다. 그럴 땐 146쪽을 참고하자.
작업비용 부르면 45,000원, 혼자 고침 15,000원

해결책!

헌 환풍기를 떼고,
새것으로 교체한다.

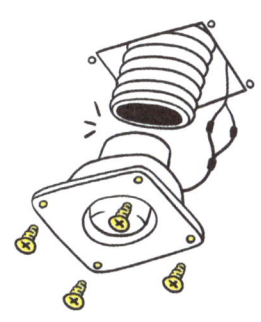

Step 1.
헌 환풍기 떼기

① 전기를 다루는 작업이니 안전을 위해 분전함을 열고 누전 차단기를 내린다(누전 차단기 내리는 법 82쪽 참조).

③ 본체를 뜯어낼 차례다. 네 모서리에 박혀 있는 나사못을 뺀다. 드라이버를 사용해 시계 반대 방향으로 살살 돌려서 빼거나 또는 전동 드릴을 역방향으로 설정하고 드르르르.

② 환풍기의 뚜껑을 분리한다.(주로 천장에 설치되어 있을 테니 의자나 사다리를 놓고 올라가자.) 일자 드라이버를 천장과 환풍기 뚜껑 사이에 넣고 벌리듯이 힘을 주면 뗄 수 있다.

Step 2.
주름관, 전선 분리하기

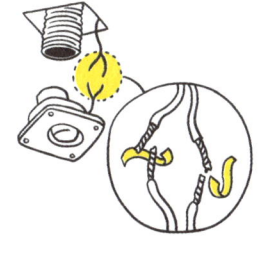

④ 분리된 환풍기는 주름관(배기관)에 덜렁덜렁 매달려 내려온다. 주름관에서 환풍기를 분리한다.

⑤ 주름관 쪽 전선과 환풍기 쪽 전선을 분리한다. 전선 두 가닥이 각각 절연 테이프로 감겨 있다. 절연 테이프를 풀면 구리선이 서로 꼬인 채 연결되어 있다. 장갑을 끼고 꼬임을 살살 풀어서 분리한다.(맨손으로 전선을 잡다가는 찔릴 수 있다.)
Tip. 전원을 껐는지 다시 한 번 확인할 것. 누전 차단기를 내리지 않았다면 대롱대롱 매달린 전선에서 전기가 흐른다. 매우 위험하다.

Tip. 구리선은 다른 물체와 직접 닿으면 스파크가 일어나기 쉬우므로 확실하게 연결해야 한다. 화장실은 습기가 많은 곳이므로 절연 테이프를 세 겹 이상 감는 것이 좋다.

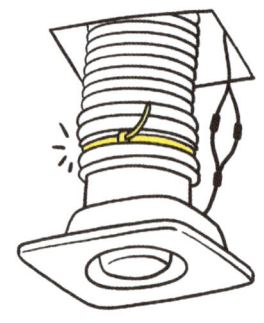

Step 3.
새 환풍기 연결하기

⑥ 새 환풍기의 전선 두 가닥을 니퍼로 피복만 벗겨낸다. 전선 하나씩 차례차례 작업한다(피복 벗기는 법 92쪽 참조).

⑧ 주름관을 환풍기와 연결한다. 주름관이 환풍기에 단단히 고정되도록 케이블 타이로 묶거나 테이프로 붙인다. 헌 환풍기의 모습을 떠올리면 쉽다.
Tip. 케이블 타이가 주름관 둘레보다 짧을 때는 여러 개를 연결해서 쓰면 된다. 스테인리스 밴드가 포함된 환풍기 제품이라면 밴드를 주름관의 굵기에 맞추고 조임 부분을 드라이버로 고정한다.

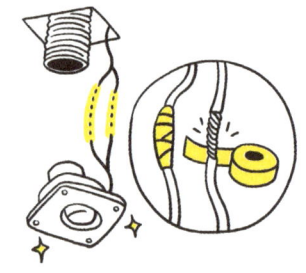

⑦ 새 환풍기에 달린 두 가닥 전선을 주름관 쪽에서 기다리고 있는 전선과 연결할 차례다. 의자 위로 올라가서 환풍기 전선의 구리선과 위쪽 구리 전선을 연결한다. 풀리지 않도록 엇갈리게 꼬아주고 절연 테이프로 감는다.

Step 4.
새 환풍기 끼우기

⑨ 이제 원래 자리에 환풍기를 고정시키면 된다. 주름관을 접듯이 길이를 맞춘 뒤 환풍기를 천장의 구멍 속으로 밀어 넣어서 반듯하게 자리를 잡자.

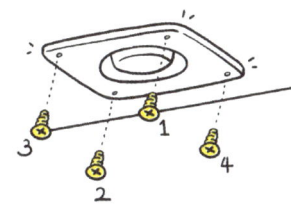

⑩ 드라이버를 사용해 네 모서리를 나사못으로 천장에 고정시킨다. 대각선 순서로 작업하는 것이 더 안정적이다.

⑪ 마지막으로 환풍기 뚜껑을 씌운다. 특별한 도구는 필요 없다. 힘으로 그냥 누르면 된다. 짜잔. 끝났다.

⑫ 누전 차단기 전원을 올리고 시운전을 해 본다. 웽웽 기분 좋은 소리가 들린다.

"고…공정이 길다…."

알아두면 쓸모 있다

구조가 다른 환풍기들

환풍기 모양에 따라 약간의 차이는 있지만 설치 요령은 비슷하다. 기존의 환풍기 구조를 잘 살펴봤다가 그대로 설치하면 된다. 환풍기는 날개가 돌면서 빨아들인 공기를 주름관 쪽으로 배출한다는 원리만 기억하자.

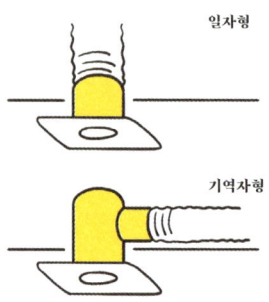

1. 환풍기에 플러그가 달려 있을 때
다른 전기제품처럼 플러그가 있어서 콘센트에 꽂혀 있는 경우도 있다. 그럴 때는 전선을 분리하거나 피복을 벗길 필요가 없다. 플러그를 뽑기만 하면 된다.
Tip. 새 제품도 플러그가 달린 걸로 구입한다. 반대로, 플러그 달린 제품을 샀는데 콘센트가 없다면 플러그를 잘라내고 전선끼리 연결해야 한다.

2. 환풍기 모양이 기역(ㄱ)자일 때
천장에서 꺼내고 전선을 연결하는 방법은 같다. 환풍기 본체와 주름관이 만나는 위치만 다르다.
Tip. 주름관 쪽에 별도의 구조물이 더 있을 때도 천장에서 환풍기 뚜껑을 열어 제품을 꺼내면서 그 모습을 잘 기억한 다음, 새 제품을 원래대로 순서에 맞게 끼워 넣으면 된다.

#15

수도 계량기가 얼었다

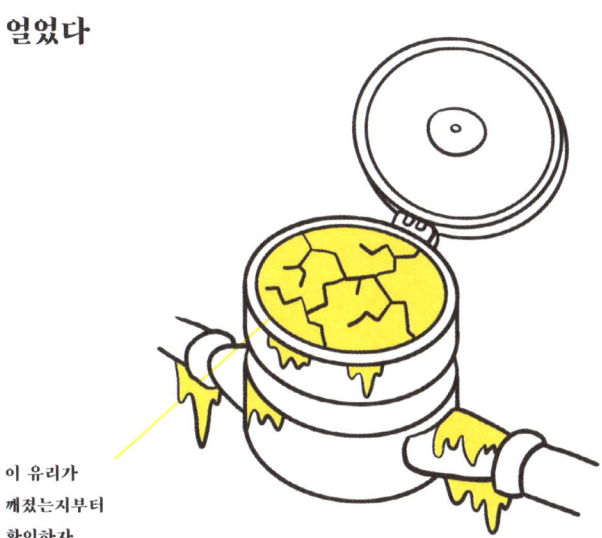

이 유리가
깨졌는지부터
확인하자.

겨울철, 집 안 수도꼭지에서 물이 나오지 않는다면 수도 계량기함을 열어보자. 먼저 유리가 깨졌는지 확인하고, 깨지지 않았다면 헤어 드라이어나 미지근한 물로 녹인다. 조급해하지 말고 천천히, 다시 물이 나올 때까지 인내심을 가지고 작업한다.

하지만 계량기 유리가 깨졌다면 교체해야 한다. 동파로 인한 계량기 교체 방법이나 비용은 관할 수도사업소에 먼저 문의하자.(아파트나 공동주택은 관리소에 문의하면 된다.)

준비물 헤어 드라이어, 수건, 미지근한 물   **작업비용** 0원
난이도 ❶
특이사항 갑자기 뜨거운 물을 붓는
행동은 절대로 하지 말 것!

싱크대 · 화장실 안 부르고 혼자 고침

해결책!

**수도 계량기를
녹인다.**

① 싱크대나 화장실의 수도꼭지를 최대로 열어놓고 작업을 시작한다. 얼어 있던 수도가 녹아서 물이 나오는지 확인하기 위함이다.

② 수도 계량기와 연결 관을 헤어 드라이어로 녹인다. 너무 가까이 대지 말고 전체적으로 열을 쐬어준다.

③ 물로 녹일 때는 수건으로 수도 계량기를 덮은 후 그 위에 미지근한 물을 부어준다. 50도 이상 되는 물을 갑자기 부으면 계량기 유리가 깨질 수 있으니 반드시 미지근한 물로 시작하여 천천히 녹여야 한다.
Tip. 냉수는 나오는데 온수가 나오지 않을 때는 보일러와 연결된 온수 배관을 녹여줘야 한다. 보일러로 물이 들어가는 직수 배관과 데워진 물이 나오는 온수 배관은 보일러의 표시를 보면 구분할 수 있다. 구분이 잘 되지 않는다면 보일러 설명서를 참고한다.

"그래도 유리는 안 깨졌네…."

알아두면 쓸모 있다

수도 계량기 보는 법

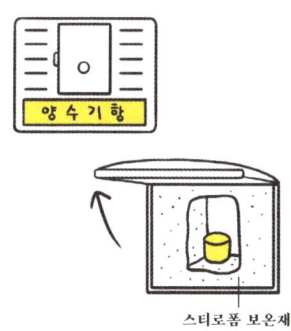
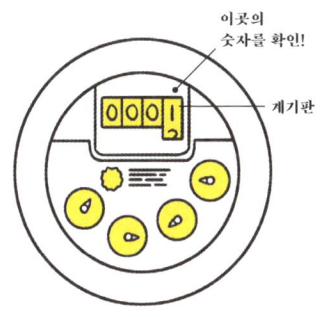

1. 수도 계량기의 위치

수도 계량기는 수돗물 사용량을 측정하는 기구다. 아파트나 공동주택은 현관문 옆 수도 계량기함 안에 설치되어 있다. 덮개에 '양수기함' 또는 '수도미터함'이라고 쓰여 있다. 그곳이 바로 상수도관에서 우리 집으로 물이 들어오는 첫 번째 관문이다. 여기에 있는 수도를 잠그면 집 안으로 물이 공급되지 않는다. 수도 공사를 하거나 수전을 교체할 때는 여기를 잠그면 된다.

단독주택의 경우 마당 바닥에 '양수기 보호통'이라고 쓰인 파란색 덮개가 보일 것이다. 그곳을 열면 수도 계량기가 있다. 보통은 스티로폼 보온재가 함께 채워져 있는데, 겨울철 동파를 막기 위해서다. 아무것도 들어 있지 않다면 겨울철에는 헌옷이나 담요 등 보온재를 채워두자. 수도관이 어는 사고를 예방할 수 있다.

2. 수도 계량기 읽기

수도 계량기의 플라스틱 덮개를 열면 숫자가 돌아가는 계기판이 보인다. 그 아래 있는 몇 개의 숫자판은 소수점 아랫자리의 수치를 보여주는 것. 수도 사용량을 알려면 계기판의 숫자만 읽어도 된다. 단위는 톤(t). 현재 수치에서 전월 고지서의 수치를 빼면 이달 사용량이 나온다.

갑자기 수도 요금이 너무 많이 나올 때는 집안에 누수가 있는지 확인해야 한다. 주방이나 화장실에서 물을 쓰고 있지 않는데도 계량기의 숫자가 올라간다면 어딘가에서 물이 새고 있다는 것이다. 전문가를 불러 누수 원인을 찾아야 한다.

싱크대 · 화장실 안 부르고 혼자 고침

#16

수도관 동파 방지는
이렇게

언 뒤에 후회 말고,
얼기 전에 관리하자.

11월은 수도관 동파를 예방해야 하는 시기다. 본격적인 추위가 시작되는 12월과 1월에 기온이 영하 5도 이하로 내려가면 수도관이 얼기 쉽다. 수도 계량기함과 외부로 노출된 각종 수도 배관을 보온재로 감싸면 동파를 예방할 수 있다.

준비물 스티로폼 보온재, 보온 시트, 테이프, 배관용 보온재
난이도 ❶
특이사항 수도관이 얼어버린 경우에는 147쪽으로.

작업비용 각자 원하는 보온재 구입

해결책!

각종 수도 배관을
보온재로 감싼다.

Step 1.
수도 계량기함 보호하기

③ 계량기함 덮개는 항상 덮어둔다. 외부에도 보온 시트를 붙이고 테이프로 밀폐시켜 찬 공기가 스며들지 않도록 한다.

Step 2.
보일러 배관 보호하기

① 아파트나 공동주택은 현관문 근처에, 단독주택은 마당에 수도 계량기가 설치되어 있다(수도 계량기 찾는 법 149쪽 참조). 외부에 개방되어 있는 복도식 아파트는 특히나 수도 계량기 동파 위험이 높다.

② 수도 계량기함에 헌 옷이나 담요를 채우고 스티로폼 보온재를 채운다. 작년에 사용한 보온재가 내부 습기로 젖어 있으면 효과가 떨어지므로, 건조시켜서 재사용하거나 새로운 보온재를 채워 넣어야 한다.

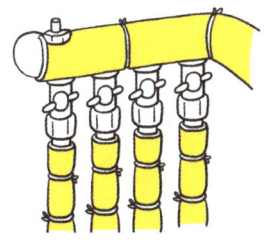

① 보일러실이나 보일러가 설치된 베란다는 실외와 접해 있어서 기온이 많이 내려가면 배관이 얼 수 있다. 보일러 배관을 보온재로 감싸준다.

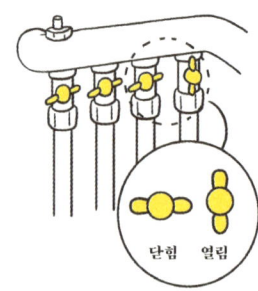

② 보일러에서 데워진 난방용 온수는 분배기를 통해 각 방으로 보내진다. 쓰지 않는 방이라고 보일러 관의 밸브를 잠그면 전체적으로 집 안의 온도가 낮아진다. 난방비 절감에도 큰 도움이 되지 않고 동파될 위험만 커진다. 4분의 1만이라도 열어두는 게 좋다. 밸브가 가로면 잠긴 상태고, 세로면 열린 것이다.

③ 외출할 때도 보일러는 끄지 말고 온도 조절기를 '외출'로 설정하거나 낮은 온도로 맞춰 놓는 게 좋다. 기온이 낮아지면 보일러가 자동으로 작동하기 때문에 실내 온도를 일정하게 유지할 수 있다. 보일러를 자주 껐다 켜면 난방비가 오히려 많이 든다.
Tip. 영하 10도 이하의 혹한에는 냉·온수 수도꼭지를 조금 열어두자. 냉수만 틀어두었다가 온수 배관이 어는 경우도 있다. 수도 요금이 아깝지만 동파로 대공사를 하는 것보다는 낫다.

"혹한기라 물 틀어놓은 기라고!"

알아두면 쓸모 있다

세탁기 동파 없이 겨울나기

세탁기가 베란다나 외부와 접한 다용도실에 있다면 세탁기에 연결된 급·배수관이 얼 수 있다. 세탁기의 급수관(호스)은 보통 전용 수도꼭지에 연결해 물을 틀어둔 채로 사용하기 때문에 늘 급수관 안에 물이 고여 있다. 겨울철에는 급수관 안의 물이 얼 수 있으니 수도꼭지를 잠그고 급수관의 물을 빼내는 게 좋다. 큰 추위가 아니라면 급수관을 보온재로 감싸주는 것만으로도 쉽게 얼지는 않는다.

Step 1.
호스 물 빼내기

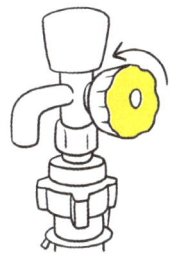 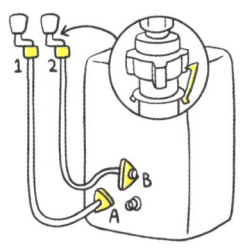

① 수도꼭지를 먼저 잠그는 것을 잊지 말자. 그냥 호스를 뽑으면 물이 콸콸 쏟아진다.

② 급수관에 고인 물을 빼낼 때는 관이 연결된 수도꼭지나 세탁기 중 한 곳만 분리하면 된다. 그림과 같이 수도꼭지에서 냉·온수 급수관 1과 2를 빼거나 세탁기에서 A나 B를 푼다. 어느 쪽이든 급수관의 끝을 아래로 내려 고인 물을 빼낸다.

Tip. A와 B는 시계 반대 방향으로 돌리면 빠진다. 1과 2를 분리하려고 할 때는 나사를 풀지 않아도 그림의 동그라미 속 노란색 부분을 누르면 급수관이 빠진다.

Step 2.
세탁기 물 빼내기

③ 짧게 탈수 기능을 작동시키면 세탁기 안에 고인 물과 함께 배수관에 고인 물까지 빠진다.

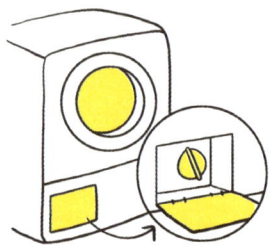

Tip. 드럼 세탁기는 전면 하단, 배수 후 남은 물이 고인 '잔수 호스'를 비우는 것도 잊지 말자. 문을 열고 호스의 플라스틱 마개를 열어 물을 배출하면 된다.

"빨래 할 거 많은데…."

Index.

문제와 해결 찾아보기

주방

싱크대
경첩 수리(77쪽)
수도꼭지 헤드 교체(106쪽)
수도꼭지 호스 교체(108쪽)
싱크대 막힘(111쪽)
싱크대 악취 제거(113쪽)
싱크대 부품 교체(114쪽)
실리콘 쏘는 법(117쪽)
싱크대 수압 조절(130쪽)

전등
정전 되었을 때(82쪽)
형광등 교체(87쪽)

세탁기
세탁기 동파 방지법(153쪽)

문제와 해결 찾아보기

거실

스위치
스위치 교체(95쪽)

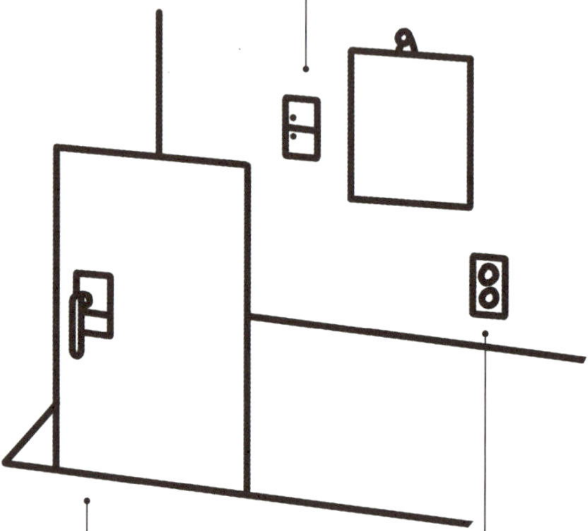

벽
망치로 못 박기(56쪽)
콘크리트 벽에 못 박기(59쪽)
석고보드 벽에 못 박기(62쪽)
못 자국 메꾸기(64쪽)

콘센트
플러그 교체(91쪽)
콘센트 교체(99쪽)

현관문
도어락이 멈췄을 때(66쪽)
이중 안전고리 다는 법(68쪽)

욕실 화장실

전등
화장실 등 교체(85쪽)

샤워기
샤워기 수압 조절(130쪽)
샤워기 헤드 교체(131쪽)
샤워기 호스 교체(133쪽)

환풍기
환풍기 교체(142쪽)

변기
변기 막힘(137쪽)
변기 물소리 계속 날 때(140쪽)

세면대
물 마개(팝업) 교체(120쪽)
세면대 막힘(123쪽)
세면대 수압 조절(128쪽)
수도 계량기 동파(147쪽, 150쪽)
수도 계량기 보는 법(149쪽)

문
문고리 교체(70쪽, 74쪽)

하수구
하수구 막힘(135쪽)

문제와 해결 찾아보기

처음이 어렵지
두 번째는 쉽잖아요.
우리에겐 이미 성공한 경험도
있으니까요!

혼자서 할 수 있는 일들이
하나씩 늘어날수록
조금 더 단단하고
씩씩한 사람이 될 거예요.

Epilogue.

호성전기 막내딸이
집을 돌보는 방법

　　내 아버지는 전기 기술자였고, 우리 집은 '호성전기'라는 가게를 했다. 그리고 나는 여느 가게 집 아이들처럼 어렸을 때부터 물건 판매를 도왔다. 처음엔 건전지, 스위치 등 가격만 알면 팔 수 있는 걸 팔았고, 조금 커서는 전선을 몇 미터씩 재서 팔거나 전구나 형광등 불이 들어오는지 테스트용 소켓에 꽂아서 작동 여부를 확인해주면서 팔았다. 전선에 플러그를 연결한다거나 전화선을 두 개로 분리해 큰 방과 작은 방에서 동시에 받을 수 있게 하는 작업도 어렵지 않게 했다. '아니, 이 사람은 가정환경이 특별하니까 이렇게 할 수 있는 거잖아.' 하며 속았다고 생각하실 필요는 없다. 내가 말하고 싶은 건 그 정도의 작업은 어린 여자아이였던 나에게도 어렵지 않았다는 사실이다. 만약 '호성전기'가 아니라 '호성설비'의 딸이었다면 수전 세트나 세면대까지도 더 쉽게 교체할 수 있었을지도 모르겠다.

　　아버지가 살아계셨다면 이 책의 전기 부분을 꼼꼼하게 봐주었을 것이다. 아니면 결혼해서 남편한테 부탁하거나 돈 많이 벌어서 사람 쓰면 되는 일인데, 굳이 직접 해보자는 내 말을 탐탁지 않게 여기실지도 모르겠다. (네, 어머니, 그런 말씀은 꺼내지도 말라고 제가 선수 치는 겁니다.) 그래도 부모님이 여자아이라고 '이런' 걸 못 만지게 하거나 다양하게 경험하는 걸 제한하지 않은 덕분에 내가 어떤 삶을 살 것인가, 어떤 방법으로 생활을 유지해나갈 것인가 끊임없이 고민해왔고 그것들이 쌓여 초보자에게 도움이 될 만한 책을 쓸 수 있었다. (마음먹은 모든 것들에 도전해보는 모습의 저로 살 수 있게 해주셔서 고맙습니다.)

　　여성들을 위한 생활기술 워크숍을 운영할 때 가장 어려운 일은 강사 섭

외였다. 그때까지 내가 경험한 기술 교육 프로그램은 내용도 마음에 들지 않았지만 강사들의 태도가 더 문제였다. 초보자 수준에선 힘든 수업 목표를 정해놓고 결과물을 완성해내는 데 치중하면 어쩔 수 없이 초보자는 소외된다. 모둠 작업을 하면 특히나 자기가 방해된다고 생각하기 때문에 더 주눅 든다. 앞으로 또 그런 교육을 진행한다면 어떤 기술자를 강사로 모실까 주변을 둘러보니 같이 공부하며 노력하고 싶은 분이 떠올랐다. 그분께 원고 검토를 부탁드렸다. (신현돈 목수님, 고맙습니다.)

책을 쓰면서 젓가락질 하는 법이나 수영하는 법을 글로 설명하고 있는 듯한 막막함을 느꼈다. 교육 프로그램을 만들 때 '가장 기본적인 것부터 설명하고, 반복해서 연습할 기회와 시간을 주고, 주눅 드는 기분이 들게 하지 말자.'라고 생각했던 걸 떠올리면서 '내가 알거나 모르는 것'이 아니라 '누구나 알아야 할 것'에 대해 생각했다. 적절한 질문을 던져주고 정리해주신 편집부의 도움을 많이 받았다. (고맙습니다, 책 만들기 기술의 전문가님들.) 내용들을 구구절절 설명해야했는데 귀여운 그림 덕분에 이해하기 쉬워졌다. (안홍준 작가님, 고맙습니다.)

당장 해결해야 할 문제가 생겼을 때는 인터넷 동영상을 보면서 따라하는 게 훨씬 나을지도 모르겠다. 그렇지만 당장 무슨 일이 일어나지는 않더라도 집 돌봄에 대해 관심을 가지고 미리 이 책을 읽어두면 돌발 상황이 생겼을 때 당황하지 않을 수 있다. '원래 다 그런 거지.', '기다리고 있었다.' 같은 태도로 책을 뒤적여볼 수도 있고 어떤 용어나 부품명을 써서 검색을 해야 하는지도 알게 된다. (그런 용도로 읽어주십사 부탁드립니다, 독자님.) 욕심을 더 내자면 자취 생활을 시작하는 분에게 집들이 선물용으로 사용되길.

"안 부르고 혼자 고치는 직접의 기쁨에 대해, 일상을 돌보는 삶의 기술에 대해 이야기할 수 있어서 영광이었습니다."

Editor's letter

자기만의 방에 첫 책을 들여놓았다. 첫 여행처럼 설렌다. **민**
당신께 드리는 첫 번째 추천. 부디 마음에 든다고 말해주세요. **희**
거짓말이 될까 봐 따라해보느라 온 집 안이 다 뒤집어졌다. **애**

안 부르고
혼자 고침

1판 1쇄 발행일 2017년 10월 10일
1판 5쇄 발행일 2021년 5월 18일

지은이 완주숙녀회 · 이보현
그림 안홍준
발행인 김학원
발행처 (주)휴머니스트출판그룹
출판등록 제313-2007-000007호(2007년 1월 5일)
주소 (03991) 서울시 마포구 동교로23길 76(연남동)
전화 02-335-4422   **팩스** 02-334-3427
저자·독자 서비스 humanist@humanistbooks.com
홈페이지 www.humanistbooks.com
시리즈 홈페이지 blog.naver.com/jabang2017
디자인 스튜디오 고민   **용지** 화인페이퍼   **인쇄** 삼조인쇄   **제본** 정민문화사

자기만의 방은 (주)휴머니스트출판그룹의 지식실용 브랜드입니다.

ⓒ 이보현, 2017
ISBN 979-11-6080-080-7 13590
- 이 책은 저작권법에 따라 보호를 받는 저작물이므로 무단 전재와 무단 복제를 금합니다.
- 이 책의 전부 또는 일부를 이용하려면 반드시 저자와 (주)휴머니스트출판그룹의 동의를 받아야 합니다.

이 도서의 국립중앙도서관 출판예정도서목록(CIP)은 서지정보유통지원시스템 홈페이지(http://seoji.nl.go.kr)와 국가자료공동목록시스템(http://www.nl.go.kr/kolisnet)에서 이용하실 수 있습니다. (CIP제어번호: CIP2017023521)